SUSANNE MOEBERG

JA, ICH
spüre MEHR

LEICHTER
LEBEN

SUSANNE MOEBERG

JA, ICH spüre MEHR

Gut leben mit
Hochsensibilität

SCORPIO

INHALT

Drittes Kapitel

HERZLICH WILLKOMMEN!

Ich erinnere mich noch genau an den Tag, an dem ich das erste Mal etwas über den Charakterzug »hochsensibel« las. Ich verspürte das wundervolle Gefühl, mich selbst wiederzuerkennen und innerlich zur Ruhe zu kommen. Es war, als hätte ich mich selbst viele Jahre lang entbehrt und nun endlich erkannt, wer ich bin, wenn ich einfach nur ich selbst bin.

Von der Existenz dieses Charakterzuges zu erfahren war eine große Erleichterung. Zugleich war es nicht immer leicht. Ich begann, unzweckmäßige Muster an mir wahrzunehmen, und um Rücksicht auf mich und meine Sensibilität zu nehmen, musste ich mir selbst tief in die Augen schauen und lernen, abzuwägen und neue Grenzen zu setzen.

Dieses Buch möchte Ihnen ein vertieftes Verständnis dafür ermöglichen, was es heißt, ein hochsensibler Mensch zu sein, und welche Möglichkeiten und Herausforderungen der Charakterzug mit sich bringen kann. Sie erhalten konkrete Hinweise, wie Sie gut mit Ihrer Sensibilität umgehen und sich am besten vor Reizüberflutung schützen können.

Hochsensibilität bietet ein großes Potenzial und das Buch möchte Sie motivieren, das Beste aus sich herauszuholen – Ihnen und anderen Menschen zuliebe.

FÜR WEN IST DAS BUCH GESCHRIEBEN?

Ja, ich spüre mehr! richtet sich primär an Personen, die sich in dem Charakterzug »hochsensibel« wiederfinden.

Es wendet sich aber auch an diejenigen, die nicht persönlich betroffen, jedoch neugierig darauf sind, hochsensible Menschen zu verstehen – z. B. ihren Partner, ihr Kind, ihre Eltern, Kollegen, Klienten, Chef, Schüler, Patienten, Nachbarn …

Das Buch richtet sich an erwachsene, selbstverantwortliche Menschen, die nach Inspiration für die persönliche Entwicklung suchen. Viele der Übungen sind ungeeignet, wenn Sie sich in einem starken psychischen Ungleichgewicht befinden oder eine psychiatrische

Diagnose vorliegt. In diesen Fällen empfehle ich Ihnen, einen kompetenten Ansprechpartner zu konsultieren, z. B. einen Psychologen oder Therapeuten. Hochsensibilität darf nicht mit einem psychischen Leiden verwechselt werden. Es ist keine Diagnose; es ist ein Charakterzug, der auf Grundlage der Biologie des Nervensystems als eine größere Empfänglichkeit für Reize beschrieben wird. Dazu später mehr.

DER HINTERGRUND DIESES BUCHES

Diesem Buch liegen meine Beobachtungen, meine psychologische Neugierde sowie meine privaten und beruflichen Erfahrungen zugrunde. Ich habe nicht wissenschaftlich zu diesem Thema geforscht, doch habe ich nach Erkenntnissen gesucht und neugierig die vorhandenen Forschungsergebnisse gelesen. Zudem habe ich andere ungehemmt nach ihren Erfahrungen gefragt.
Ich bin selbst hochsensibel und beschäftige mich seit über 20 Jahren mit dem Bereich der persönlichen Entwicklung. Als Pädagogin habe ich Erfahrungen innerhalb der Psychiatrie gesammelt und bin in Form von Kursen, Vorträgen, Coaching-Gesprächen sowie meinen Büchern beratend tätig. Ich bin ausgebildeter Coach, keine Therapeutin. Das bedeutet, dass mein Fokus nicht so sehr auf dem Finden eines *Warum* liegt, sondern in weitaus höherem Maß auf der Suche nach Antworten auf Fragen wie:

Wer bin ich momentan? Wer möchte ich in Zukunft sein? Was kann ich tun, um das zu erreichen?

MEINE HERZENSANGELEGENHEIT

Über Hochsensibilität zu informieren ist für mich zu einer Herzensangelegenheit geworden. Dieser Charakterzug beinhaltet so viel kreatives und intuitives Potenzial, so viele empathische und mitfühlende Qualitäten, die diese Welt braucht. Verstehen wir es aber nicht, der Sensibilität gute Bedingungen zu verschaffen und uns vor Reizüberflutung zu schützen, landen wir in der Erschöpfung, verlieren Freude, Humor und Energie.

Der Ausgangspunkt ist Selbsteinsicht. Es geht darum, sich selbst zu verstehen, zu lernen, mit den Herausforderungen umzugehen und das Positive zu nutzen, das die Hochsensibilität mit sich bringt.

7

DRÜCKEN SIE SICH SPEZIFISCH AUS

Im Buch werden Sie auf eine Reihe von Fragen treffen, die ich Sie bitte, während des Lesens zu beantworten, bzw. auf Übungen, die Sie durchführen können. Bevor wir in das Buch einsteigen, möchte ich Ihnen zeigen, welchen Wert es hat, sich beim Antworten spezifisch auszudrücken.

Die meisten Menschen tendieren dazu, in generellen Wendungen zu denken und zu sprechen – das liefert die Grundlage für Missverständnisse. Lassen Sie mich das an einem Beispiel illustrieren.
Ich möchte Ihnen etwas über einen *Hund* erzählen. Wie hoch ist die Wahrscheinlichkeit, dass wir beide an den gleichen Hund denken? Wohl kaum besonders hoch. Ein *Hund* ist etwas Generelles. Ich kann noch allgemeiner werden, indem ich über *ein Tier* spreche, oder noch genereller – *ein Lebewesen*. Das birgt enormes Potenzial für Missverständnisse. Denn ist die Rede von einem *Lebewesen*, werden Sie nicht an den gleichen Hund denken wie ich.
Ich kann mich spezifischer ausdrücken, indem ich von einem *langhaarigen, braunweißen Hund* spreche. So kommen wir der Sache näher, aber es ist noch nicht spezifisch genug – wir denken wahrscheinlich an zwei verschiedene braun-weiße Hunde mit langem Haar. Ich drücke mich noch spezifischer aus, wenn ich von einem *Langhaarcollie* spreche. Rede ich von dem *Langhaarcollie Lassie aus der gleichnamigen Fernsehserie* und kennen Sie Lassie, dann haben wir den gleichen Hund vor Augen. In der Kommunikation ist es von enormem Wert, wenn Sie sich spezifisch ausdrücken – damit die anderen wissen, was Sie meinen. Die anderen müssen nicht raten, und Sie werden nicht missverstanden. Wenn Sie auch spezifisch *denken*, werden Sie sich viel klarer über das, was Sie tun können, um das zu erreichen, was Sie gern erreichen möchten. Denken Sie z.B.: *Ich möchte gern mehr raus in die Natur*, ist das eine generelle Aussage. Sie wird noch allgemeiner, wenn Sie formulieren: *Ich möchte gern etwas Gutes für mich tun*. Welche Assoziationen weckt das? Ich persönlich denke an köstliches Nougat – oder, wenn ich vernünftig bin, vielleicht daran, zu meditieren oder Sport zu treiben. Sagen Sie stattdessen: *Ich will mich dreimal pro Woche eine halbe Stunde lang im Wald bewegen und zwar immer montags, mittwochs und freitags nach der Arbeit, bevor ich zu Abend esse*, dann wissen Sie, wie Sie das gewünschte Ziel erreichen, und gleichzeitig erkennen Sie sofort, wann Sie *nicht* das tun, was Sie sich vorgenommen

haben. Das gibt Ihnen die Möglichkeit, sich entweder aufzuraffen oder aber den Gedanken fallen zu lassen, wenn Sie feststellen, dass Sie es nicht schaffen, das Vorhaben umzusetzen. Es stärkt Energie und Selbstwert, wenn das, was Sie denken, sagen und tun, übereinstimmt.

WAS WILL ICH?

Apropos Selbstwert. In meinen Gesprächen als Coach begegne ich Klienten, die sich durch Minderwertigkeitsgefühle beeinträchtigt fühlen und ihren Selbstwert stärken wollen. *Selbstwert* ist sehr generell. Es kann einen großen Unterschied zwischen Ihrer und meiner Definition von Selbstwert geben und ebenso in unserer Ansicht, was getan werden muss, um diesen zu steigern.

Wenn wir nicht wissen, wonach wir streben, wie sollen wir dann wissen, was wir tun können, um dies zu erreichen? Viele Menschen wissen mehr über das, was sie nicht wollen, als über das, was sie wollen. Es ist, als würde man im Bahnhof am Schalter sagen: Ich möchte eine Fahrkarte kaufen. Wohin es gehen soll, weiß ich nicht; ich will auf keinen Fall nach Frankfurt und auch nicht nach Passau. Wie sollen Sie jemals dorthin kommen, wo Sie

sein möchten, wenn Sie nicht wissen, wo das ist?

Generelle Gedanken ermüden und führen nirgendwohin. Frust und unerwünschte Gefühle beruhen oft auf unklaren Gedanken und Handlungen. Eines der grundlegendsten Instrumente meiner Arbeit als Coach, das auch den größten Wert für den Klienten hat, ist das Stellen von Fragen, die in die Tiefe gehen und Klarheit in die Gedanken bringen. Ich unterstütze die Klienten darin, ihre Wünsche und Ziele *so spezifisch* wie möglich auszudrücken. Wenn wir wissen, was wir wollen und wie wir das erreichen können, strahlen die Augen und das Herz singt.

Im Verlauf des Buches stelle ich Ihnen eine Reihe von Fragen und mache Ihnen Übungsvorschläge. Denken Sie an Lassie, wenn ich Sie auffordere, sich spezifisch auszudrücken.

Erstes Kapitel

Hochsensibilität verstehen: Eine neue Perspektive auf den Charakterzug der Feinfühligkeit

In diesem Kapitel können Sie

Entdecken, wie diese besondere Art
der Reizverarbeitung entsteht und welche
Auswirkungen sie hat
»⟶

In einem Selbsttest Ihre
Sensibilität einschätzen
»⟶

Erste Schritte auf dem Weg zu mehr
Selbstakzeptanz
und Selbstfürsorge gehen

WAS IST HOCHSENSIBILITÄT?

Die Ursache für Hochsensibilität findet sich in biologischen Unterschieden des menschlichen Nervensystems. Das Nervensystem hochsensibler Menschen ist feinfühliger, ihr Gehirn empfängt und bearbeitet Sinneseindrücke und Reize detaillierter und nuancierter. Die Eindrücke werden intensiver bearbeitet und daher wesentlich stärker erlebt als von nicht hochsensiblen Menschen. Das bedeutet, dass sie Eindrücke, Gefühle und Stimmungen bemerken und auffassen, die andere vielleicht nicht wahrnehmen. Das kann zu dem Empfinden führen, etwas zu sehen und zu spüren, was andere nicht sehen, sowie in dem irrtümlichen Glauben, die Welt falsch aufzufassen; man fühlt sich möglicherweise als verkehrt und anders. Dieses Empfinden begleitet einen oft von der Kindheit an.

Als hochsensibler Mensch ist man weniger robust und in höherem Maß dafür disponiert, überreizt zu werden, sich erschöpft und gestresst zu fühlen. Es braucht ganz einfach weniger, bevor der Körper anfängt, Stresshormone zu produzieren. Was auf die meisten wie eine moderate Stimulation wirkt, kann Sie stark reizen, und Sie können schneller zu einem sogenannten Schließpunkt gelangen, an dem Sie nicht mehr aufnehmen können und das Bedürfnis nach Ruhe und Alleinsein haben.

Was überreizend wirkt, ist individuell. Stimulierend kann all das sein, was Ihre Aufmerksamkeit auf sich zieht und Ihr Nervensystem erregt. Sie denken vielleicht primär an Reize von außen; aber Reize können in hohem Maße auch aus Ihrem Innern kommen, von Ihrem Körper, Ihren Gefühlen sowie Ihren Denk- und Handlungsmustern.

SICH MIT ANDEREN VERGLEICHEN

Es ist sehr weit verbreitet, sich mit anderen Menschen zu vergleichen. Und vielleicht sind Hochsensible in höherem Grad von der Furcht vor dem getrieben, was andere denken. In einem Versuch, das Gleiche wie andere zu schaffen oder um zu vermeiden, sich unerwünscht, verkehrt oder anders zu fühlen, haben viele hochsensible Menschen Denk-, Gefühls- und

Handlungsmuster entwickelt, die sie selbst negativ beeinflussen. Erkannt und akzeptiert man seine Hochsensibilität und seine besonderen Bedürfnisse nicht, trägt man selbst zur eigenen Überreizung bei, was zu verminderter Robustheit und Toleranz der Umgebung gegenüber führen kann.

ENDLICH!

Die meisten hochsensiblen Menschen haben keine Zweifel; sie erkennen sich in der Beschreibung des Charakterzuges wieder. Viele weinen, wenn sie von diesem Charakterzug hören, weil sie sich zum ersten Mal gesehen und verstanden fühlen und erkennen, dass sie ihr ganzes Leben lang unermesslich viel Kraft aufgebracht haben, um sich nicht verkehrt, anders oder allein zu fühlen.
Für hochsensible Menschen kann die Kindheit schwer, herausfordernd wie auch einsam gewesen sein. Vielleicht haben Sie zu hören bekommen, dass Sie überempfindlich, schüchtern, verschlossen, zart, schwach, nervös, verkehrt sind – vielleicht nahm man Sie als langsam und nicht besonders mutig oder aber als das komplette Gegenteil wahr. Das zu erfahren ist nicht angenehm. Daher ist es auch typisch, dass man große Anstrengungen

Hochsensible Menschen sind verschieden, weil die Hochsensibilität mit vielen anderen Persönlichkeitszügen verwoben ist. Es gibt große Unterschiede im Temperament sowie in der Art und Weise, wie wir handeln und reagieren. Es gibt große Unterschiede in den Mustern und Verteidigungsmechanismen, die jeder für sich entwickelt hat, um die eigene Sensibilität zu schützen. Hochsensible können sowohl schüchtern und zurückhaltend als auch aufgeschlossen und tatkräftig sein.

unternommen hat, um *normal* zu sein – sich mit dem Versuch abgemüht hat, genauso zu sein wie andere und den Erwartungen zu entsprechen. Das kann dazu führen, dass man sich beschämt, schuldig und unzureichend fühlt, schnell ein schlechtes Gewissen bekommt und eventuell dazu tendiert, sich zu isolieren. Man fühlt sich rasch übergangen oder übersehen.
Als Erwachsener setzt man sich vielleicht selbst unter Druck und macht sich Selbstvorwürfe: *Jetzt muss ich das bald lernen! Jetzt muss ich mich zusammennehmen! Was stimmt nicht mit mir? Warum kann ich es nicht, wenn es alle anderen doch können?*

Als Hochsensibler sind Sie weder verkehrt noch unzureichend.
Sie können sich nicht einfach zusammennehmen.
Sie sind, wie Sie sind.

Aber Sie können etwas an dem *Verhalten sich selbst gegenüber* sowie an *Ihren Reaktionen der Umwelt gegenüber* ändern. In erster Linie geht es darum, Ihren Charakterzug zu verstehen und zu akzeptieren sowie zu lernen, mit den Situationen umzugehen, die auf Sie reizüberflutend und erschöpfend wirken.

HOCHSENSIBLE MENSCHEN SIND HERZENSMENSCHEN

Es ist falsch, hochsensible Menschen nur als besonders empfindliche, schüchterne, zarte oder schwache Personen zu betrachten. Der Hochsensibilität wohnt ein Potenzial vieler äußerst positiver Eigenschaften inne. Sie haben das Potenzial, kreativ, intuitiv, innovativ und besinnlich zu sein, und Sie können über eine beachtliche Fähigkeit verfügen, mit anderen zusammenzuarbeiten und für gute Stimmung zu sorgen. Wenn Sie es verstehen, gut mit Ihrer Sensibilität umzugehen, können Sie sehr einfühlsam sein, über große Empathie und die Begabung verfügen, sich in andere Menschen hineinzuversetzen. Sie können eine überdurch-

schnittliche Fähigkeit besitzen, sich zu konzentrieren und sich in etwas zu vertiefen sowie einen starken Willen, das durchzuziehen, wofür Sie brennen. Dieses Potenzial haben alle Menschen, bei hochsensiblen ist es aber besonders ausgeprägt, und es kann von großer Bedeutung für das Gewissen und die Lebensqualität sein, in Übereinstimmung mit seinem Potenzial zu leben.

Wenn Sie entdecken, dass Sie hochsensibel sind, kann dies Ihr Selbstbild verwandeln und das wiederum Ihr Leben verändern. Vielleicht haben Sie das Gefühl, dass die Puzzleteilchen endlich an ihren Platz fallen. Sie werden zu der Einsicht gelangen, dass Sie nicht allein sind und dass es vollkommen in Ordnung und natürlich ist, der zu sein, der Sie sind.

DER ERSTE SCHRITT

Selbsteinsicht ist der Ausgangspunkt. Der erste Schritt besteht darin, Ihre Sensibilität zu akzeptieren und zu verstehen. Wahrscheinlich werden Sie feststellen, dass Sie, um sich zu schützen, Verhaltensmuster entwickelt haben, die nicht mehr zweckmäßig sind. Vielleicht werden Sie auch feststellen, dass mehrere dieser Muster die eigentliche Ursache dafür sind, dass Sie sich Reizüberflutung und Erschöpfung aussetzen.

Daher ist es notwendig zu lernen, gut mit Ihrer Sensibilität umzugehen, indem Sie beginnen, sinnvolle Gewohnheiten zu entwickeln, gesunde Grenzen zu setzen und bewusste Entscheidungen zu treffen. Sie müssen auch lernen, solche Situationen zu meistern, die zu einer Reizüberflutung führen, die Sie aber nicht vermeiden können oder nicht vermeiden wollen. Bitte rechnen Sie damit, dass es sich um eine Entwicklung handelt, die Zeit und Geduld erfordert – sowohl von Ihnen als auch von Ihrer Umgebung. Von Ihrem Umfeld bekommen Sie vielleicht nicht umgehend das Verständnis und die Unterstützung, die Sie sich wünschen, denn es braucht Zeit, die Entwicklungen und Veränderungen, die Sie durchlaufen, zu verstehen und sich darauf einzustellen.

*Am besten ist es, Ihre Sensibilität weder als positiv noch als negativ zu betrachten. Verhalten Sie sich gegenüber der Tatsache, hochsensibel zu sein, vielmehr **neutral**. Es ist, was es ist, so wie es ist. Weder richtig noch falsch, weder gut noch schlecht. Es sind ausschließlich **die Umstände**, unter denen sich Ihre Sensibilität entfaltet, die sie als gut oder schlecht erscheinen lassen.*

DAS NERVENSYSTEM

Hochsensibilität liegt in der Funktionsweise des Nervensystems begründet.

In unserem Gehirn befinden sich 100 Milliarden Nervenzellen. Jede einzelne Nervenzelle ist mit 10 000 Nachbarzellen verbunden. Ein Teil der Nervenzelle ist dafür zuständig, die elektrischen Signale an die Nachbarzelle zu *senden*, ein anderer Bereich dafür, Signale von anderen Zellen zu *empfangen*. Zwischen den einzelnen Nervenzellen befindet sich jeweils ein winziger Zwischenraum. Mithilfe von Botenstoffen, sog. Neurotransmittern, werden elektrische Signale von einer Nervenzelle an die andere übertragen.

Jeder einzelne Gedanke, jedes einzelne Gefühl und jeder einzelne Sinneseindruck stimuliert diesen Transport elektrischer Signale und Impulse von einer Nervenzelle zur anderen.

Diese Impulse werden vom Gehirn analysiert und bearbeitet und z. B. an die Muskeln weitergeleitet. Die Signale breiten sich exakt in den Bahnen und Bereichen aus, die benötigt werden, damit eine Handlung ausgeführt, ein Gedanke gedacht oder ein Gefühl empfunden wird. Das geschieht auch jetzt, in diesem Moment, während Sie lesen.

Das Gehirn hat gelernt, Buchstaben als Wörter zu sehen. Andere Teile des Gehirns arbeiten daran, dass Sie verstehen, was Sie lesen, während wieder andere Bereiche darüber reflektieren, was Sie bereits verstanden haben, dies in einen Zusammenhang setzen und dafür sorgen, dass Sie das speichern, an was Sie sich erinnern wollen. Ihre Augen folgen den Zeilen, Ihre Hände blättern die Seiten um oder kratzen Sie am Arm. Vielleicht verspüren Sie ein schlechtes Gewissen, weil Sie denken, Sie sollten etwas anderes tun, anstatt dazusitzen und zu lesen. Vielleicht machen Sie sich Sorgen oder freuen sich auf etwas, das Sie am Abend erleben werden. Vielleicht stellen Sie fest, dass Sie Durst haben, und Ihre Hand greift nach der Teetasse.

WIE EINDRÜCKE VERARBEITET WERDEN

Zuerst kommt es also zu einer physischen oder gefühlsmäßigen Beeinflussung in Form eines Sinneseindrucks. Daraufhin kommt es zu einer Reihe physiologischer Beeinflussungen, die durch Nerven-impulse zu Information umgesetzt wer-den. Zum Schluss erfolgt eine Reaktion.

Diese Registrierung von Sinneseindrücken und die Übertragung elektrischer Signale von der einen Nervenzelle an die andere können bei Hochsensiblen intensiver ausfallen. Daher empfängt das Gehirn mehr Informationen und registriert feinere Nuancen, wodurch es mehr Ein-drücke analysieren, be- und verarbeiten muss. Aus diesem Grund kann das, was für andere interessant und inspirierend ist, für den Hochsensiblen überwältigend, erschöpfend und stressig sein.

Die Schwelle, wie stark und wie schnell eine Nervenzelle auf Input reagiert, unterliegt einer natürlichen Variation. Daran können Sie nichts ändern – Ihr Nervensystem funktioniert einfach so. Sie können sich nicht einfach zusammen-reißen und wie andere funktionieren. Aber Sie können etwas daran ändern, wie Sie sich Ihrer Sensibilität gegenüber verhalten, wie Sie damit umgehen, wie Sie Eindrücke analysieren und bearbeiten, und was Sie denken und tun.

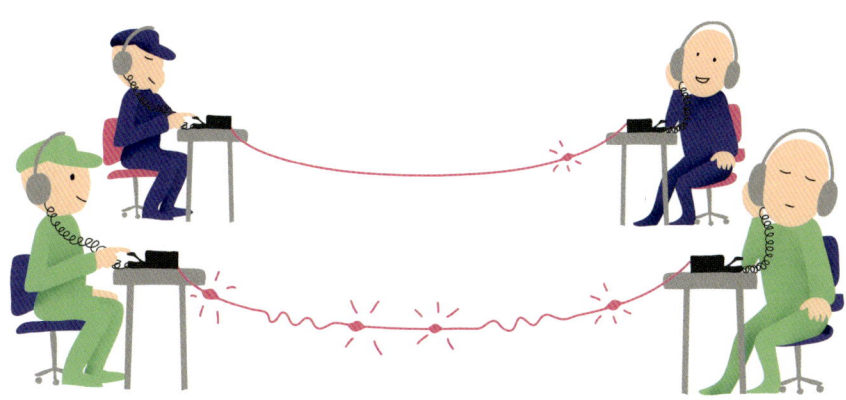

SIND SIE HOCHSENSIBEL?

Pionierin innerhalb der Forschung zur Hochsensibilität ist die amerikanische Psychologin und Autorin Elaine Aron. Ihr zufolge sind rund 15 bis 20 Prozent aller Menschen hochsensibel, also eine von fünf Personen.

Das bedeutet nicht, dass die anderen 80 Prozent nicht auch sensible, empathische, einfühlsame Menschen sind oder sein können. Es bedeutet lediglich, dass diese 20 Prozent in einem besonderen Grad sensibel sind.

Die Verteilung zwischen den Geschlechtern ist dabei gleichmäßig – Frauen wie Männer, Mädchen wie Jungen, Erwachsene wie Kinder sind hochsensibel.

Als Abkürzung hat sich HSP für Highly Sensitive Person durchgesetzt. Dass im Deutschen meist das Wort hochsensibel verwendet wird, hat vor allem damit zu tun, dass der Titel von Elaine Arons erstem Buch dazu (erschienen auf Deutsch 2005) Sind Sie hochsensibel? lautet.

ANGEBOREN ODER NICHT?

Unter Psychologen und Neurologen herrscht Uneinigkeit darüber, ob der Charakterzug angeboren und erblich oder durch die Umgebung, in der wir aufwachsen, angelernt ist.

Elaine Arons langjährige Forschung baut auf Hunderten von Gesprächen und Tiefeninterviews sowie Erfahrungen aus der klinischen Psychologie, aus Kursen und Konsultationen auf. Ihrer Ansicht nach ist der Charakterzug angeboren und erblich.

Ich weiß es nicht. Ausgehend von dem, was ich gelesen und erfahren habe, glaube ich jedoch, dass es sich um einen angeborenen Charakterzug handelt. Ich beobachte auf jeden Fall, dass es bereits ab einem sehr frühen Alter Unterschiede darin gibt, wie robust und wie sensibel Kinder sind.

Ungeachtet dessen wissen wir, dass die Charakterzüge eines Menschen sowohl geschwächt als auch verstärkt werden können: von Erlebnissen und Herausforderungen, von der Art, in der man uns während des Aufwachsens begegnet, sowie der Weise, wie wir uns als Erwachsene uns selbst gegenüber verhalten. Das Wesentlichste ist, wie wir miteinander umgehen – mit unseren sensiblen Kindern wie auch mit uns selbst.

INTROVERTIERT?

Ich werde oft gefragt, ob hochsensibel das Gleiche ist wie introvertiert. Introvertiert oder extrovertiert zu sein hat entscheidende Bedeutung dafür, wie man reagiert, welche Kommunikation man *bevorzugt*, und in welcher Art und Weise man Energie tankt.
Introvertierte Menschen sind eher in sich gekehrt und haben das Bedürfnis, allein über Dinge zu reflektieren. Sie fühlen sich in kleineren Gesellschaften am wohlsten, ziehen Gespräche mit wenigen Menschen vor und diskutieren nicht gern über Oberflächliches. Sie haben großes Verlangen danach, ungestört Zeit zu verbringen. Ihr Fokus ist nach innen gerichtet; sie verfügen über ein reiches Innenleben, aus dem sie viel Inspiration schöpfen. Das bedeutet nicht, dass Introvertierte keine Freude daran haben, mit anderen Menschen zusammen zu sein, sondern dass sie das Zusammensein mit *vielen* Menschen schnell erschöpft und sie auftanken, indem sie mit sich selbst allein sind.

Die Aufmerksamkeit extrovertierter Menschen richtet sich hingegen auf die Außenwelt. Sie sind neugierig und mögen es, Menschen um sich zu haben. Mit anderen zu sprechen gibt ihnen Energie. Extrovertierte werden schnell erschöpft, wenn sie zu lange sich selbst überlassen sind. Für das Wiederaufladen ihrer Energie brauchen sie sozialen Kontakt.

Zwischen introvertiert und hochsensibel gibt es viele gemeinsame Züge, laut Elaine Aron ist es aber nicht das Gleiche. Allerdings können hochsensible Menschen (introvertierte wie auch extrovertierte) den Hang zu sozialer Introversion haben. Hochsensible Menschen können also auch extrovertiert sein. Sie können Gefallen daran haben, dass sich etwas tut, dass etwas passiert. Extrovertierte hochsensible Menschen tendieren jedoch dazu, die eigenen Kräfte zu überschätzen und gelangen so manchmal überraschend plötzlich an einen Punkt, an dem sie sich überreizt fühlen. Sie können nichts mehr aufnehmen, brauchen eine Pause, müssen weg.

Die Herausforderung besteht darin, die eigenen Signale zu erkennen und zu lernen, Stopp zu sagen, bevor Ihnen die Energie ausgeht.

Zwischen Hochsensiblen gibt es große Unterschiede –
wir sind weit davon entfernt, gleich zu sein.

Wir alle sind soziale Wesen mit dem Bedürfnis nach Kontakt. Das Entscheidende ist, egal ob introvertiert oder extrovertiert, dass Sie sich nicht isolieren, sondern dafür sorgen, den sozialen Kontakt zu bekommen, der in der aktuellen Lage für Sie stimmig ist.

Die meisten Hochsensiblen erkennen sich sofort wieder, wenn sie von dem Charakterzug hören. Andere zweifeln. Jedoch verfügen sie oft über eine intuitive Neugier, wollen mehr darüber erfahren und erkennen dann vielleicht, dass auch sie hochsensibel sind.

Der Zweifel kann dem Umstand geschuldet sein, dass Hochsensible oft als verschlossene, überempfindliche, zurückhaltende, nervöse oder schüchterne Menschen beschrieben werden. Aber täuschen Sie sich nicht. Meiner Erfahrung nach können Hochsensible zum Schutz ihrer Verwundbarkeit auch Muster entwickelt haben, die alles andere als sensibel sind. Ich kenne es von mir selbst, dass ich meine Sensibilität schütze, indem ich Paroli biete, zornig oder übertrieben tatkräftig werde.

Manchen widerstrebt es, Menschen in Kategorien einzuteilen, wie ich es tue, wenn ich 15 bis 20 Prozent der Bevölkerung als hochsensibel bezeichne. Ich erlaube es mir dennoch, weil es m. E. dazu beiträgt, das Verständnis für die menschliche Verschiedenheit zu fördern.
Wir kategorisieren Menschen ohnehin: Männer und Frauen, Erwachsene und Kinder, Frühaufsteher oder Morgenmuffel. Die meisten wissen, ob sie eher »Lerche« oder »Eule« sind und wie sich das beim Partner oder den Kindern verhält. Wir verwenden diese Begrifflichkeiten, ohne dass wir damit behaupten, alle Frühaufsteher bzw. alle Nachteulen wären gleich.

Für mich ist entscheidend, dass das Wissen über den Charakterzug das nötige Verständnis liefern kann, um ein gelingendes Leben zu führen: indem man lernt, mit Unannehmlichkeiten umzugehen und zugleich die Vorteile zu nutzen, die die Hochsensibilität bereithält.

SELBSTTEST

Hier können Sie Ihre Sensibilität testen. Natürlich soll ein Test nicht als mehr betrachtet werden, als er ist. Hören Sie auf sich und spüren Sie, ob Sie sich wiedererkennen. Wie vielen der folgenden Aussagen können Sie zustimmen?

○ *1. Ein Einkaufsbummel in der Stadt scheint für mich anstrengender zu sein als für andere.*

○ *2. Manchmal habe ich das Gefühl, als würde ich auch das hören, was andere nicht aussprechen.*

○ *3. Ich bin deutlich schreckhafter als andere.*

○ *4. Der Kontakt mit anderen Menschen scheint mich manchmal energetisch auszulaugen.*

○ *5. Als Kind war ich tief erschrocken, wenn der Lehrer mit einem Mitschüler schimpfte. Ich fühlte mich, als hätte sein Schimpfen mir gegolten, obwohl ich gar nicht gemeint war.*

○ *6. Ich brauche relativ viel Rückzug und Zeit für mich, um ausgeglichen zu sein.*

○ *7. Wenn Konflikte und Spannungen »in der Luft liegen«, spüre ich das beinahe körperlich, auch wenn ich an den Konflikten gar nicht beteiligt bin.*

○ *8. Die Stimmungen anderer Menschen beeindrucken mich unnötig stark.*

○ *9. Laute Geräusche bereiten mir fast körperliches Unbehagen.*

○ *10. Ich meide aufregende oder traurige Filme, weil sie mich zu sehr »mitnehmen«.*

○ *11. Großen Menschenansammlungen weiche ich am liebsten aus.*

○ *12. Ich fühle mich häufig missverstanden und allein, weil ich offenbar mehr und andere Dinge wahrnehme als andere.*

○ *13. Wenn zu viel Unruhe herrscht, zu viele Reize auf mich einstürmen, dann reagiere ich manchmal gereizt, fahrig, mit Stress, mit Symptomen oder gar mit Schmerzen.*

○ *14. Selbst kleine eigene Fehler und Unterlassungen gehen mir oft noch lange nach.*

○ *15. Bedürfnisse von anderen empfinde ich häufig sehr deutlich.*

○ **16.** *Grelles Licht irritiert und stört mich offenbar mehr als andere Menschen.*

○ **17.** *Ich stoße leicht auf Fehler, und Unstimmigkeiten drängen sich mir geradezu wie von selbst auf.*

AUFLÖSUNG

Wenn Sie mehr als neun Aussagen mit einem Ja beantworten konnten, dürften Sie hochsensibel sein. Es sei denn, Sie befinden sich momentan in einer ganz außerordentlichen Belastungssituation. Dann könnten auch andere Menschen so wie Hochsensible reagieren.

Machen Sie die Probe. Stellen Sie sich folgende Fragen: »Wie war es in der Vergangenheit? Und wie war es in der Kindheit?« Gehen Sie die Aussagen damit erneut durch. Erhalten Sie dasselbe oder ein ähnliches Ergebnis mit mehr als neun Ja-Antworten, ist das eine Bestätigung des Testergebnisses.

(Es gibt verschiedene Selbsttests für die Einschätzung von Hochsensibilität. Dieser stammt von Rolf Sellin aus seinem Buch *Wenn die Haut zu dünn ist*).

WER SIND SIE?

Halten Sie einen Moment inne, bevor Sie weiterlesen. Denken Sie einen Augenblick an sich selbst und reflektieren Sie.

In welchen Bereichen, in welcher Art und Weise sind Sie hochsensibel?

_____

_____

_____

_____

Welche positiven Eigenschaften und welche Herausforderungen haben Sie aufgrund Ihrer Sensibilität?

_____

_____

_____

_____

_____

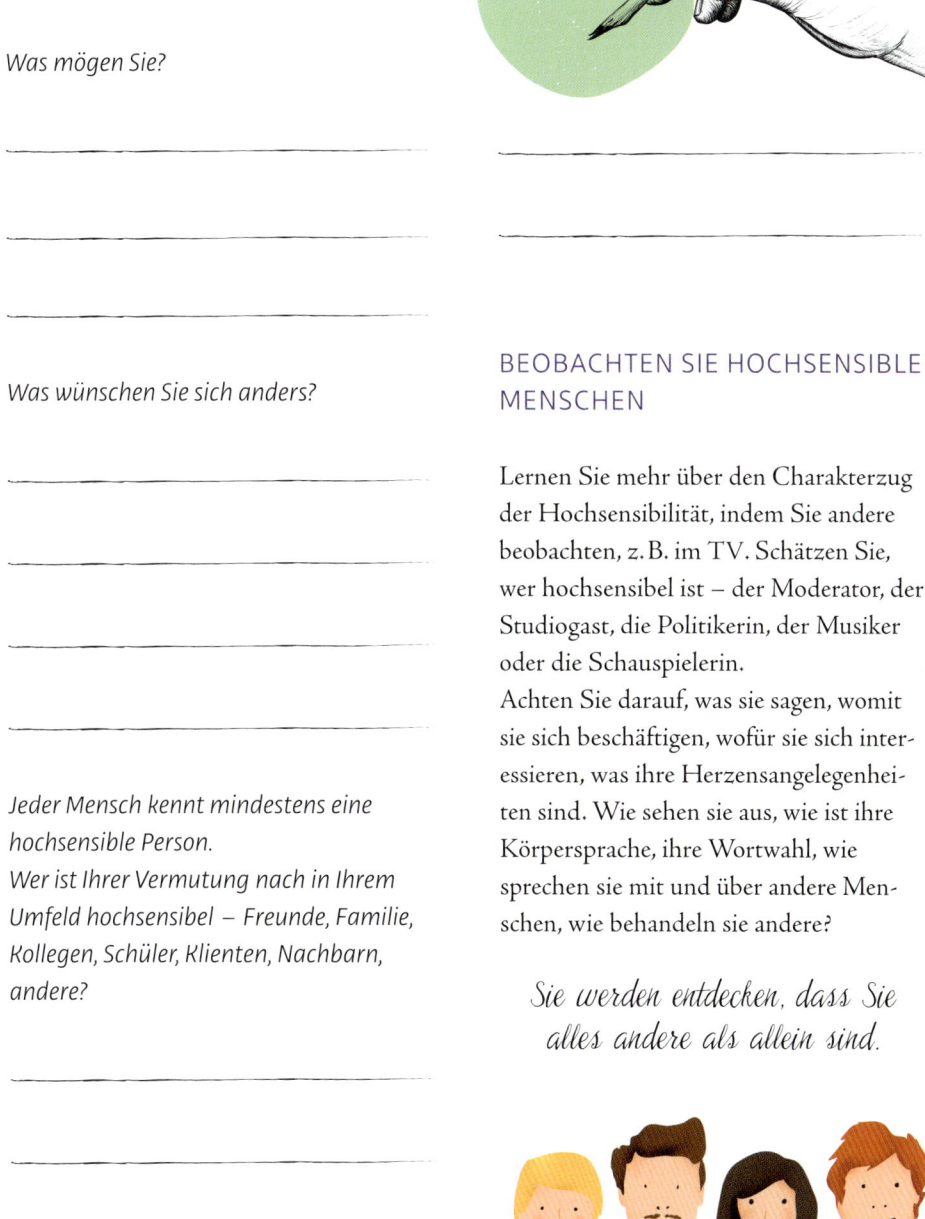

Was mögen Sie?

_____

_____

_____

Was wünschen Sie sich anders?

_____

_____

_____

_____

Jeder Mensch kennt mindestens eine hochsensible Person.
Wer ist Ihrer Vermutung nach in Ihrem Umfeld hochsensibel – Freunde, Familie, Kollegen, Schüler, Klienten, Nachbarn, andere?

_____

_____

_____

BEOBACHTEN SIE HOCHSENSIBLE MENSCHEN

Lernen Sie mehr über den Charakterzug der Hochsensibilität, indem Sie andere beobachten, z. B. im TV. Schätzen Sie, wer hochsensibel ist – der Moderator, der Studiogast, die Politikerin, der Musiker oder die Schauspielerin.
Achten Sie darauf, was sie sagen, womit sie sich beschäftigen, wofür sie sich interessieren, was ihre Herzensangelegenheiten sind. Wie sehen sie aus, wie ist ihre Körpersprache, ihre Wortwahl, wie sprechen sie mit und über andere Menschen, wie behandeln sie andere?

Sie werden entdecken, dass Sie alles andere als allein sind.

IHR SENSIBLES PROFIL

Selbsteinschätzung

Jetzt geht es darum, Ihre persönliche Sensibilität zu klären. Folgende Übung bietet eine gute Basis, um sich selbst, Ihre Reaktionen und Ihre Bedürfnisse zu verstehen. Nehmen Sie sich Zeit, über Ihr Leben zu reflektieren und ergänzen Sie die Liste ggf. durch weitere Punkte. In welchen Bereichen sind Sie hochsensibel? Priorisieren Sie Ihre Sensibilität in den folgenden Bereichen auf einer Skala von 1 (gar nicht) bis 10 (extrem stark).

Lärm/laute Musik/laute Geräusche	____	Müdigkeit	____
Hunger	____	Geschäftigkeit	____
Schmerz	____	Durcheinander und Unordnung	____
Bestimmte Lebensmittel, z. B. Kaffee, Alkohol, Zucker. Welche?	____	Gedanken – Planung, Sorge	____
Medizin	____	Gedanken – Wunschdenken, Tagträume, Fantasie	____
Rauch und Tabak	____	Minderwertigkeitsgefühl	____
Gerüche/Düfte	____	Unsicherheit	____
Licht	____	Uneinigkeit	____
Farben	____	Kritik	____
Wechsel der Jahreszeiten	____	Hektische Umgebung	____
Vollmond	____	Viele Informationen	____

Viele Eindrücke   ____

Veränderungen – Umzug,
Scheidung, neuer Arbeitsplatz   ____

Große Entscheidungen   ____

Stimmungen   ____

Gespür dafür, wie es anderen
Menschen geht   ____

Furcht davor, was andere Menschen
denken und sagen   ____

Gefühle, eigene und die anderer –
Irritation, Wut, Angst, Nervosität,
Kritik, Trauer   ____

Gefühle, eigene und die anderer –
Engagement, Begeisterung, Freude,
Verliebtheit   ____

Ansprüche und Erwartungen –
eigene und die anderer   ____

Fehlender Respekt von anderen
Menschen   ____

Wenn Menschen, Tiere oder die Natur
nicht mit Respekt behandelt werden   ____

Ungerechtigkeit, Misshandlung, Krieg,
Armut, Krankheit und Gewalt   ____

Wenn andere Menschen nicht meinen
Idealen entsprechen   ____

Tiefe Gedanken über das Leben und/
oder den Tod   ____

Spiritueller Kontakt/geistige
Erlebnisse   ____

Die Kombination von Müdigkeit und
vielen Eindrücken/Informationen   ____

Die Kombination von Müdigkeit und
lauten Geräuschen/lauter Musik   ____

Die Kombination von Geschäftigkeit
und vielen Informationen   ____

In welchen anderen Bereichen sind Sie
hochsensibel? Auf einer Skala von 1 bis 10.

_____

_____

_____

_____

_____

_____

KINDHEIT UND BINDUNG

Die gefühlsmäßige Bindung, die wir in der Kindheit zu unseren Eltern entwickelt haben, hat entscheidende Bedeutung dafür, wie wir als Erwachsene mit unserer Sensibilität umgehen. Laut Arons Forschung wird rund die Hälfte aller Säuglinge von »geeigneten« Eltern großgezogen und zu dem, was man als *sicher gebundenes* Kind bezeichnet. Hier ist die Rede von Kindern, die bereits in einem frühen Alter verlässlich darin unterstützt wurden, sich nach außen zu bewegen und die Welt zu erforschen, und die von den Eltern *gerettet* wurden, wenn *Gefahr im Verzug* war. Ihrer Hochsensibilität wurde im Wesentlichen mit Verständnis begegnet und sie haben höchstwahrscheinlich viele der positiven Eigenschaften entwickelt, die Teil des sensiblen Charakterzuges sind.

UNSICHER GEBUNDEN

Aus verschiedenen Gründen, die in der Regel damit zusammenhängen, wie Mutter oder Vater die eigene Kindheit erlebt haben, kann die primäre Bezugsperson Botschaften vermitteln, die eine *unsichere Bindung* zur Folge haben.

1. Die eine Form von unsicherer Bindung entwickelt sich, weil die Bezugsperson sehr mit etwas anderem beschäftigt oder aber derart verwundbar ist, dass der Säugling sehr stark an ihr hängt. Das Kind traut sich nicht, viel auszuprobieren, wird *ängstlich* oder *bekümmert* oder *fürchtet*, die Bindung an die Bezugsperson zu verlieren. In der Psychologie wird dies als *Verschmelzung* bezeichnet.
2. Die zweite Form von unsicherer Bindung entwickelt sich, weil die Botschaft an das Kind lautet, dass die Bezugsperson gefährlich ist und gemieden werden muss oder dass es die Bezugsperson vorzieht, wenn das Kind nicht zur Last fällt und nicht abhängig ist. In diesem Fall kommt es zu gar keiner Bindung, stattdessen entwickelt das Kind ein ausweichendes Muster – auch als *Isolation* bezeichnet. Es liegt in der Natur der Sache, dass eine unsichere Bindung an eines oder beide Elternteile auf hochsensible Menschen eine stärkere Wirkung als auf den Rest der Bevölkerung hat.

AUSWIRKUNGEN IM ERWACHSENENALTER

Ausgehend von unseren ersten Bindungserlebnissen entwickeln wir Vorstellungen davon, was wir von Menschen erwarten können, die uns nahestehen. Das Muster unsicherer Bindung wird als grundlegende und existenzielle Furcht erlebt und beeinflusst unser Gefühlsleben. Auch wenn es sich als Erwachsener nicht mehr ums Überleben dreht, ist das Muster noch immer vorhanden – wenn auch oft unbewusst. Es hat Auswirkungen darauf, wie wir in unseren Beziehungen sowie in

der Partnerschaft funktionieren – ob wir sicher, ängstlich oder ausweichend sind. Wenn Sie als Kind eine unsichere Bindung an Ihre Bezugspersonen hatten, ist es sehr wahrscheinlich, dass Sie nicht dazu ermutigt wurden, Ihre Sensibilität zu verstehen und zu akzeptieren. Sie haben wahrscheinlich nicht gelernt, Ihre besonderen Bedürfnisse zu beachten und zu befriedigen. Aber es ist nicht zu spät. Mit Verständnis sowohl für sich selbst als auch für andere, mit Geduld und Fürsorge können Sie innere Muster transformieren.

Ihre Kindheit können Sie nicht ändern, wohl aber die Art und Weise, wie Sie diese auslegen und heute verstehen. Mit neuen Kenntnissen und Einsicht können Sie sich und andere in einem neuen Licht betrachten.

MIT SICH UND ANDEREN INS REINE KOMMEN

Früher bezog sich die Psychologie vornehmlich auf den unglücklichen Menschen und die Ursachen seiner Probleme. Das Ziel war, dass er weniger unglücklich sein solle.

Heute gewinnt die Positive Psychologie immer mehr an Boden. Sie fragt nicht so sehr nach den Defiziten, dem Mangel und den Schwierigkeiten, sondern nach den Ressourcen und danach, was wir tun können, um ein Leben zu führen, das von Glück, Lebensqualität und Freude erfüllt ist. Die Positive Psychologie beschäftigt sich nicht so sehr mit der Vergangenheit und dem, was in der Kindheit passiert ist. Sie blickt nach vorn, sieht die Möglichkeiten für ein glückliches Leben sowie den Wert von Dankbarkeit, Akzeptanz und Vergebung.

VERGEBUNG

Vielleicht wurden Sie in Ihrer Kindheit missverstanden oder verletzt. Vielleicht fällt es Ihnen schwer, das hinter sich zu lassen. Vielleicht sind Sie der Meinung, dass jene, die Sie verletzt haben, keine Vergebung verdienen. Solche negativen Gedanken und Ansichten halten Sie jedoch klein und bedrückt und schaffen Abstand zur Liebe und zur Freude. So lange Sie sich weigern zu vergeben, was andere Ihnen angetan haben, leiden Sie. Sie verlieren Lebensfreude und es fällt Ihnen schwer, dankbar zu sein. Das liegt daran, dass Sie mit den abwertenden Gedanken und vielleicht auch einem Wunsch auf Rache selbst das Gift einnehmen, das Sie anderen verabreichen wollen. Sie binden sich an die negativen Gedanken und Gefühle und sind weit entfernt von Ihrem eigentlichen Wesen.

Stellen Sie sich vor, Sie trügen einen Sack auf dem Rücken. Darin befinden sich all Ihre Gefühle. Welche möchten Sie am liebsten für den Rest Ihres Lebens herumtragen? Freude, Liebe, Verständnis und Mitgefühl? Oder entscheiden Sie sich für Bitterkeit, Wut und Hass? Wer leidet am meisten, wenn Sie sich dafür entscheiden, die negativen Gefühle mit sich herumzuschleppen? Sie oder diejenigen, denen Sie nicht vergeben wollen?

Beim Prozess des Vergebens befreien Sie weniger die andere Person als sich selbst – von Gefühlen des Grolls, der Bitterkeit und des Opferseins.

Indem Sie vergeben, schließen Sie Frieden mit sich und mit anderen.

WAS ANDERE MENSCHEN DENKEN

Es ist üblich, dass uns das, was andere über uns denken, meinen und sagen, beeinflusst. Entweder werden wir dazu angetrieben, etwas Bestimmtes zu tun, in der Hoffnung, so positive Reaktionen zu ernten. Oder umgekehrt: Aus Angst vor Negativem und Kritik halten wir uns zurück. In meiner Coaching-Praxis stelle ich immer wieder fest, dass hochsensible Menschen in besonderem Maß von der Meinung anderer beeinflusst werden. Wir verfügen über hohes Einfühlungsvermögen und sind in der Lage, die Gefühle, Stimmungen und Erwartungen anderer Menschen zu spüren. Davon bin ich überzeugt. Die Frage aber lautet, ob wir diese Gefühle, Stimmungen und Erwartungen aus der richtigen Perspektive heraus deuten?

Als ich vor einigen Jahren begann, Malkurse zu geben, war ich oft unsicher, ob die Teilnehmer zufrieden waren. Die Kurse gingen über zwei Tage, wobei der erste Tag vornehmlich aus meinem Unterricht und der Konzentration auf den Malprozess bestand. Wenn ich abends nach Hause kam, war ich oft verunsichert, ob die Teilnehmer den Kurs mochten. Ich hatte das Gefühl, dass einige von ihnen unzufrieden wirkten und möglicherweise ein bisschen verärgert.
Am nächsten Tag sprachen wir in der Gruppe über die Bilder und darüber, was jeder Einzelne am Tag zuvor erlebt hatte. Dabei wurde mir deutlich, dass mein Eindruck, einige der Teilnehmer wären unzufrieden oder sauer, stimmte. Aber ich lag falsch in dem Glauben, dass ihre Gefühle etwas mit mir zu tun hatten. Ich hatte ihre Gefühle gespürt, sie jedoch persönlich genommen und daher falsch ausgelegt. (Häufig waren die Teilnehmer nämlich mit sich und ihren Bildern unzufrieden.)
Glücklicherweise habe ich gelernt, nicht alles auf die Goldwaage zu legen und alles persönlich zu nehmen. Das gibt mir heute eine größere Sicherheit, wenn ich unterrichte und Vorträge halte.

FRAGEN SIE, WENN ES IHNEN WICHTIG IST

Ich habe mittlerweile einen Beschluss gefasst.

Wenn ich mich um das kümmern soll, was andere Menschen über mich denken, dann müssen sie es mir entweder direkt sagen, oder – wenn ich unsicher bin – frage ich auch, ob es etwas mit mir zu tun hat. Ich gebe mir Mühe, die Frage so spezifisch wie möglich zu stellen, um das zu klären, worauf ich gern eine Antwort haben möchte.

Ich bin überzeugt davon, dass hochsensible Menschen sehr gut darin sind, Stimmungen sowie Gefühle und Erwartungen anderer wahrzunehmen. Aber ich ermutige Sie dazu, hinter Ihre intuitiven Empfindungen ein Fragezeichen zu setzen, wenn dabei Gefühle wie z. B. Wunschdenken, Furcht, Nervosität, Minderwertigkeit und Unsicherheit im Spiel sind.

Befreien Sie sich von der Begrenzung, die darin liegt, dass Sie sich von den Meinungen anderer Menschen über Sie beeinflussen lassen. Stärken Sie hingegen Ihren Mut, sich über die Person zu freuen, die Sie von Natur aus sind.

Verschieben Sie Ihren Fokus bewusst weg von dem, was andere möglicherweise denken und meinen, darauf, welcher Mensch Sie sind und welcher Mensch Sie gern sein möchten.

FREUEN SIE SICH DARÜBER, WER SIE SIND

Es erweckt wirklich mein Mitgefühl, wenn mir hochsensible Menschen von den schmerzlichen Gefühlen erzählen, die entstehen können, wenn man sich selbst als verkehrt und anders auffasst. Vielen Hochsensiblen ist gemeinsam, dass sie denken: *Was ist falsch an mir? Ich muss mich zusammenreißen. Ich muss schnell lernen, wie die anderen zu sein.*

Es ist so herzzerreißend zu hören, wie viele von uns sich selbst Vorwürfe machen und das ganze Leben lang versucht haben, die richtige Art und Weise zu finden, Mensch zu sein. In dem Versuch, beachtet und verstanden zu werden, haben sie sich vergeblich bemüht, wie andere zu werden. Erkennt man sich selbst in einem anderen nicht wieder, unterstellen viele Menschen dem Gegenüber einen oft negativen Charakter. Man neigt zu der Erwartung, andere Menschen seien so wie man selbst. Das kann die Ursache dafür sein, dass nicht hochsensible Menschen Hochsensible als überempfindlich, schüchtern, nervös und zart auffassen und charakterisieren – was sie im Vergleich zu ihnen vielleicht auch sind. Aber sie sind nicht ausschließlich das.

> *Wir Menschen sind verschieden, und die Welt braucht unsere Unterschiedlichkeit. Nichts inspiriert mehr, als mit Menschen zusammen zu sein, die sie selbst sind.*

SEI DU SELBST.
Alle anderen sind
schon VERGEBEN.

Oscar Wilde

VOM KLUGEN UMGANG MIT ANDEREN

Praxistipps

Hier finden Sie einige Anregungen, die Sie im Alltag im Umgang mit anderen Menschen unterstützen können.

Übernehmen Sie Verantwortung für sich

⭐ Wahrscheinlich behandeln Sie andere Menschen in einer bestimmten Art und Weise, um zu verhindern, dass diese z. B. enttäuscht oder genervt sind, weil *Sie selbst* in einer ähnlichen Situation enttäuscht oder genervt wären.

Aber es ist keineswegs sicher, dass andere mit den gleichen Gefühlen reagieren wie Sie. Das anzunehmen kann die Grundlage für Missverständnisse und schlechte Stimmung sein, weil Ihre Anstrengungen bei Ihrem Gegenüber ganz andere Gefühle hervorrufen können – vielleicht Irritation darüber, dass Sie dominant und klammernd wirken oder sich zu sehr einmischen.

Erkennen Sie, wo Ihre Verantwortung liegt und wo nicht

⭐ Ich fühle mich sehr unwohl, wenn ich denke, dass sich andere Menschen langweilen oder schlecht behandelt fühlen. (Und nicht selten stellt sich hinterher heraus, dass ich das fälschlicherweise denke.)

Ich reagiere dann häufig automatisch, indem ich mich bemühe, es ihnen recht zu machen, sie tröste oder verteidige. Wenn ich Menschen begegne, die viel zu tun haben, muss ich mich wirklich in Acht nehmen, nicht automatisch einzugreifen und unüberlegt meine Hilfe anzubieten, obwohl es gar nicht meine Verantwortung ist. In dem Moment vergesse ich das oft und lande schließlich in der gleichen Situation, vor der ich den anderen bewahren wollte: Es wird mir zu viel.

Versuchen Sie nicht, andere zu verändern

⭐ Die Welt kann hart sein, und andere Menschen können Sie verletzen. Nehmen Sie die Dinge nicht persönlich oder zu ernst. Ihr Gegenüber weiß vermutlich überhaupt nicht, dass es Sie verletzt. Höchstwahrscheinlich ist sein Verhalten Unwissenheit und dem fehlenden Verständnis für Unterschiedlichkeit geschuldet.

Lassen Sie sich nicht auf Machtkämpfe ein, um andere dazu zu bringen, Sie zu respektieren und zu mögen. Machtkämpfe sind nichts für Hochsensible. Warten Sie nicht darauf, dass sich die Welt und andere Menschen verändern. Das Einzige, was Sie ändern können, sind Sie selbst.

Erlauben Sie sich, Sie selbst zu sein

⭐ Früher habe ich versucht, andere Menschen dazu zu bewegen, mich zu verstehen – *alle* anderen. Mit meinem jetzigen Wissen ist mir klar, dass mich potenziell nur eine von fünf Personen versteht, wenn ich über Hochsensibilität spreche.

Es ist eine Befreiung zu wissen und zu akzeptieren, dass vier von fünf mich *wahrscheinlich* nicht verstehen, weil sie sich in dem, was ich sage, nicht selbst wiedererkennen. Es ist eine Befreiung, aufzuhören zu glauben, dass ich es bin, an der etwas falsch ist, wenn mich nicht *alle* anderen Menschen verstehen. Das gibt mir Ruhe und Mut, einfach ich selbst zu sein.

᪥

Ein König ging hinaus in seinen Garten und fand dort trockene und absterbende Bäume, Büsche und Blumen vor. Die Eiche sagte, sie läge im Sterben, weil sie nicht so groß und hoch wie eine Tanne werden könnte. Als er sich zur Tanne umdrehte, stand sie mit hängenden Ästen vor ihm, weil sie nicht in der Lage war, Trauben wie der Wein zu tragen. Und der Wein befand sich am Eingehen, weil er nicht wie eine Rose blühen konnte. Dann entdeckte der König eine Blume, blühend und so frisch wie eh und je. Sie sagte:
»Als du mich gepflanzt hast, nahm ich deinen Wunsch als gegeben, mir möge leicht ums Herz sein. Hättest du dir eine Eiche, eine Tanne oder einen Wein gewünscht, dann hättest du sie gepflanzt. So habe ich gedacht, da ich nichts anderes sein kann, als das, was ich bin, so will ich versuchen, dies nach meinem besten Ermessen zu sein.«
(Zen-Geschichte)

AUF DEM WEG ZU EINEM STÄRKEREN SELBSTWERT

1
Seien Sie kein Opfer

Geben Sie Acht, dass Sie sich aufgrund Ihrer Sensibilität nicht als Opfer fühlen. Hochsensible Menschen sind keine gebrechlichen, armen Geschöpfe, auf die andere besondere Rücksicht nehmen müssen.

2
Beginnen Sie einen Prozess der Vergebung

Falls Sie Groll anderen gegenüber hegen, weil Sie in der Vergangenheit verletzt wurden, dann machen Sie sich klar, dass es bei Vergebung nicht so sehr darum geht, den zu befreien, dem Sie vergeben. Wenn Sie vergeben, befreien Sie sich selbst von den Gedanken und Haltungen, die in Ihrem Gemüt ein Ungleichgewicht erzeugen und Sie von Liebe und Freude entfernt halten.

3
Nehmen Sie weniger persönlich

Wenn Sie Gefühle, Stimmungen und Erwartungen anderer Menschen wahrnehmen, dann machen Sie sich klar, dass diese nicht unbedingt etwas mit Ihnen zu tun haben.

4

Kümmern Sie sich weniger um die Meinung anderer

Machen Sie sich frei von dem, was andere (womöglich) denken. Klären Sie für sich, welche Werte Ihnen wichtig sind, und nehmen Sie das als Leitstern für Ihr Handeln.

5

Freuen Sie sich, Sie selbst zu sein

Sie sind viel mehr als überempfindlich, schüchtern, nervös und zart. Sie sind, wie Sie sind, und es gibt alle möglichen Gründe dafür, froh über die Person zu sein, die Sie sind. Sie verfügen über viele besonders positive und liebenswerte Eigenschaften, die die Welt braucht.

6

Vertrauen Sie Ihrer inneren Entwicklung

Sie werden feststellen, dass Ihr Selbstwert schrittweise im Takt mit dem voranschreitenden Prozess gestärkt wird, dass Sie mehr zu sich selbst finden und die Gaben erkennen, die mit Ihrer Hochsensibilität einhergehen. Die Nachteile werden in den Hintergrund und die Vorteile mehr und mehr in den Vordergrund treten.

»—→

Zweites Kapitel

Die eigene Sensibilität erforschen: Wie sich Feinfühligkeit in den verschiedenen Lebensbereichen auswirkt

In diesem Kapitel können Sie

Klarer sehen, warum Sie schneller
als andere unter Reizüberflutung leiden

Ihre spezifischen Auslöser für Überreizung untersuchen

Die besondere Bedeutung von emotionalen
Stressursachen verstehen

Mehr über Hochsensibilität
während des Älterwerdens erfahren

REIZÜBERFLUTUNG

Hochsensibel zu sein ist sowohl eine Gabe als auch eine Aufgabe.

Die größte Herausforderung für hochsensible Menschen besteht darin, dass sie sich schneller überreizt fühlen – schneller einen Schließpunkt erreichen, an dem es genug ist; es ist zu viel, zu hoch, zu schnell, zu laut, zu heftig.

Befinden Sie sich im Gleichgewicht, können Sie einfühlsam, intuitiv, kreativ, flexibel und innovativ sein, für gute Stimmung sorgen und als Teamworker glänzen. Sind Sie aber überstimuliert, werden Sie reizbar, kurz angebunden, ungeduldig und alles andere als einfühlsam. Sie haben dann höchstwahrscheinlich keine Energie mehr für jemand anderen als sich selbst, Sie werden traurig, verwirrt, albern und unbeholfen oder denken nur daran, dass Sie in Frieden gelassen werden wollen. Möglicherweise fühlen Sie sich verkehrt und einsam. Das kann die Ursache für ein schlechtes Gewissen oder Schuldgefühle sein, da Sie Ihren eigenen Ansprüchen nicht genügen. Zudem entfernen Sie sich weit von dem Empfinden, der zu sein, der Sie von Natur aus sind und gern sein möchten. All diese Gefühle wiederum können sich überreizend auswirken und dafür sorgen, dass sich die negative Spirale weiter dreht. Man zweifelt an sich. Gleichzeitig hat es Auswirkungen auf den Selbstwert, wenn man aufgrund von Reizüberflutung erschöpft ist.

ZU VIEL INFORMATION

Kein Mensch mag es, überreizt zu werden – ungeachtet dessen, ob man erwachsen oder Kind ist, hochsensibel oder nicht. Aber als Hochsensibler sind Sie anfälliger dafür, sich überreizt, ausgelaugt und gestresst zu fühlen. Es kann sein, dass das Ihr Lebensgefühl im Alltag prägt. Die Ursache liegt darin, dass Ihr Nervensystem viel mehr Informationen registriert, aufnimmt und bearbeitet –

auch die nicht greifbaren, die andere vielleicht übersehen. Aus diesem Grund erreichen Sie schneller ein Reizniveau, auf dem Sie sich nicht mehr wohlfühlen, weil Sie ganz einfach nicht mehr aufnehmen können. Sie haben genug. Sie brauchen eine Pause, Ruhe und Erholung. Wenn Sie nicht gelernt haben, für Ihre Bedürfnisse zu sorgen und sich selbst gesunde Grenzen zu setzen, werden Sie sich überreizt und erschöpft fühlen.

Als hochsensible Person nehmen Sie, ob Sie wollen oder nicht, mehr Informationen auf, mit denen Sie sich auseinandersetzen. Wenn wir z.B. einen Raum betreten, registrieren die meisten Menschen nicht viel mehr als die Einrichtung und die Anwesenden. Hochsensible bekommen hingegen schnell mit, ob zwischen den Personen vor Ort eine positive oder eine feindliche Stimmung herrscht, sie nehmen den Gemütszustand anderer Menschen wahr. Sie registrieren Düfte, Geräusche, wie es den anderen und ihnen selbst geht und sie fangen Gesprächsstimmungen auf.

Stellen Sie sich vor, Sie und ein Freund drehen ausgestattet mit einer Videokamera jeweils eine Aufnahme ein- und derselben Abendgesellschaft. Im Video Ihres Freundes sieht man, was passiert, wer da ist, wer sich wie bewegt, und man hört, was gesagt wird. Ihr Gerät ist auf eine andere Frequenz eingestellt, die mehr Informationen aufnimmt. Ihre Videokamera registriert gleichzeitig, was die Anwesenden denken, wie es ihnen geht, wie es um ihre Gemütsverfassung bestellt ist, was sie fühlen und erwarten und wie sie aufeinander reagieren – mit Freundlichkeit oder Feindseligkeit. Die Geräusche wirken lauter, außerdem werden Temperaturen und Düfte aufgezeichnet. Gleichzeitig erfasst Ihre Kamera über all das Geschehen hinaus auch Ihre eigenen Gefühle. Ihre Aufnahme besteht somit aus viel mehr Informationen, denen gegenüber Sie sich verhalten müssen. Sprechen Sie anschließend mit Ihrem Freund über das Abendessen, können Sie ohne die Kenntnis der unterschiedlichen Videoaufnahmen vermutlich beide nicht verstehen, dass Sie das Geschehene so unterschiedlich erlebt haben.

Wenn mein Mann Søren und ich ausgehen, bin ich meistens müde, wenn wir nach Hause kommen. Søren hingegen verspürt keinerlei Müdigkeit und kann das nicht unmittelbar verstehen. Er sagt dann: *Du hast dich doch die ganze Zeit über nur unterhalten und es dir gemütlich gemacht.* Das stimmt, das habe ich, aber selbst das kann auf mich erschöpfend wirken.

WAS ÜBERREIZT SIE?

Was auf uns überreizend wirkt ist individuell, und es kann verlockend sein, lediglich das Umfeld und andere Menschen zu betrachten, um herauszufinden, was es zu vermeiden gilt, um sich vor Überreizung zu schützen. Aber es reicht nicht aus, nur das Umfeld in Augenschein zu nehmen. Sich mit anderen Menschen zu vergleichen ist normal – und in dem Versuch, das Gleiche wie andere zu schaffen oder um sich nicht unerwünscht, verkehrt oder anders zu fühlen, haben viele Hochsensible möglicherweise Gewohnheiten, Reaktionsmuster, Verteidigungsmechanismen, Gedanken und Gefühle entwickelt, die auf sie selbst überstimulierend wirken.

AUCH POSITIVES KANN ÜBERSTIMULIEREN

Ich war überrascht, dass auch positive Gefühle überreizend wirken können. Freude, Engagement, Konzentration, Leidenschaft und Begeisterung können mit mir durchgehen und so viel Energie durch mein System jagen, dass ich ausgelaugt, unkonzentriert und konfus werde und mich ausruhen muss.

Wie bereits erwähnt, ist das, was zur Überreizung führt, individuell verschieden. Eine generelle Regel aber lautet: Wenn wir keine Kontrolle über die Stimulation haben, ist sie belastender, z. B. wenn jemand laute Musik laufen lässt und wir keine Möglichkeit haben, sie auszuschalten oder wenigstens leiser zu drehen.

FINDEN SIE IHRE AUSLÖSER

Gehen Sie die folgende Liste zweimal durch:
1. Beurteilen Sie auf einer Skala von 1 bis 10, in welchem Grad das Muster auf Sie zutrifft (1 = gar nicht, 10 = extrem stark ausgeprägt). Vergeben Sie den Zahlenwert dabei aus einer Kombination aus Grad und Häufigkeit des Vorkommens. Schreiben Sie den Wert jeweils in das Feld der ersten Spalte.
2. Gehen Sie die Liste erneut durch und vergeben Sie Punkte auf einer Skala von 1 bis 10 danach, in welchem Maß das

Muster die Ursache dafür ist, dass Sie sich überreizt und erschöpft fühlen. Schreiben Sie den Wert in das jeweilige Feld der zweiten Spalte.

Einige der Vorschläge werden zu einem Grad von 10 oder weniger auf Sie zutreffen, andere überhaupt nicht – überspringen Sie die Punkte, die nicht auf Sie zutreffen, oder streichen Sie sie durch. Es werden sich auch Muster finden, die einander überlappen, was widersprüchlich erscheinen mag. Das ist vollkommen in Ordnung und liegt daran, dass Sie in unterschiedlichen Situationen unterschiedlich reagieren können.

AUSLÖSER FÜR REIZÜBERFLUTUNG

1.　　2.

___ ___ Ich mache zu wenige und zu kurze Pausen.

___ ___ Ich mache länger weiter, als meine Kräfte reichen.

___ ___ Ich richte große Anforderungen und Erwartungen an mich selbst.

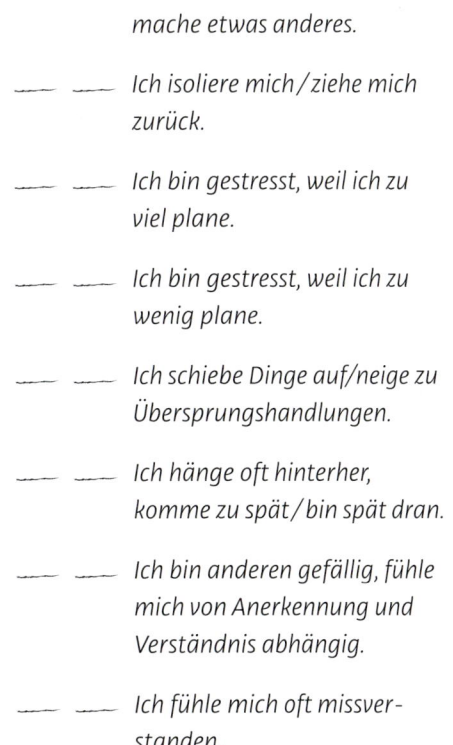

___ ___ Ich denke an das eine und mache etwas anderes.

___ ___ Ich isoliere mich / ziehe mich zurück.

___ ___ Ich bin gestresst, weil ich zu viel plane.

___ ___ Ich bin gestresst, weil ich zu wenig plane.

___ ___ Ich schiebe Dinge auf / neige zu Übersprungshandlungen.

___ ___ Ich hänge oft hinterher, komme zu spät / bin spät dran.

___ ___ Ich bin anderen gefällig, fühle mich von Anerkennung und Verständnis abhängig.

___ ___ Ich fühle mich oft missverstanden.

—— —— Ich werde nicht respektiert.

—— —— Ich fühle mich oft übersehen.

—— —— Ich fühle mich oft überwacht.

—— —— Ich mische mich zu sehr in die Angelegenheiten anderer ein.

—— —— Ich beteilige mich zu wenig.

—— —— Ich fühle mich als Opfer.

—— —— Ich fühle mich einsam.

—— —— Ich bin nervös.

—— —— Ich werde oft enttäuscht.

—— —— Mir fällt es schwer, Entscheidungen zu treffen – Ja zu sagen.

—— —— Mir fällt es schwer, eine Wahl zu treffen – Nein zu sagen.

—— —— Ich leide an Minderwertigkeitsgefühlen.

—— —— Ich bin abhängig von anderen.

—— —— Ich esse zu viel/zu wenig/ das Falsche.

—— —— Ich reagiere mit Irritation oder Wut.

—— —— Ich sage nicht meine Meinung, behalte sie für mich.

—— —— Ich bin übertrieben perfektionistisch/habe Angst, Fehler zu machen.

—— —— Ich werde von der Angst getrieben, im Stich gelassen zu werden/die Liebe anderer zu verlieren.

—— —— Ich werde von der Angst vor dem getrieben, was andere über mich denken und meinen.

—— —— Ich fürchte Kritik und Uneinigkeit.

—— —— Ich nehme Dinge unnötig persönlich oder ernst.

—— —— Ich vergleiche mich mit anderen.

—— —— Ich habe ein großes Kontrollbedürfnis.

—— —— Es fällt mir schwer, Grenzen zu setzen.

Was überreizt Sie noch? – auf einer Skala von 1 bis 10

_____

_____

_____

_____

_____

Ihre drei häufigsten Ursachen für Reizüberflutung

_____

_____

_____

_____

Beschreiben Sie die drei häufigsten Situationen, die dazu führen, dass Sie sich
überreizt fühlen. Seien Sie spezifisch.

1 _____

_____

_____

2 _____

_____

_____

3 _____

_____

_____

WIE REAGIEREN SIE, WENN SIE ÜBERREIZT SIND?

Wählen Sie als Ausgangspunkt eine oder mehrere konkrete Situationen aus und beschreiben Sie, was Sie dabei gespürt, gedacht, gefühlt und getan haben. Ihre Reaktion kann dabei von Situation zu Situation verschieden sein.

Beispiel:
Ich spüre, dass mein Körper angespannt ist, denke, dass ich das nicht schaffe, fühle mich nervös und unsicher und mache alles auf einmal. Meine Bewegungen werden hektisch, ich bin ungeschickt und lasse Sachen fallen.
Oder: *Mein Körper wird steif, ich kann überhaupt nicht denken, bin ängstlich und unfähig zu handeln.*
Oder: *Mein Körper zittert, ich denke, dass die anderen blöd sind, ich bin irritiert, ich ziehe mich zurück.*

IM KÖRPER

Was bemerken Sie?

_____

_____

_____

_____

_____

IN DEN GEDANKEN

Was denken Sie?

_____

_____

_____

_____

_____

IN DEN GEFÜHLEN

Was empfinden Sie?

_____

_____

_____

_____

_____

_____

_____

_____

IM VERHALTEN

Was tun Sie?

_____

_____

_____

_____

_____

_____

_____

_____

Was andere Leute über mich denken, geht mich nichts an.

Wayne Dyer

MIT STRESS UMGEHEN

Hochsensible Menschen sind nicht so robust und in höherem Grad anfällig dafür, sich gestresst zu fühlen, weil es ganz einfach weniger braucht, damit ihr Nervensystem mit Erschöpfung reagiert und der Körper Stresshormone freisetzt.

Es erschreckt mich immer wieder, wie hinderlich und einschränkend Stress auf Menschen wirken kann. Viele kommen aufgrund von Stress zu mir zum Coaching. Häufig sind es Menschen, die die Notwendigkeit sehen, Erschöpfungszuständen vorzubeugen, oder Menschen, die nach einer längeren durch Stress verursachten Krankheitsphase wieder in den Alltag zurückgekehrt sind. Sie waren vielleicht in psychologischer Behandlung und müssen jetzt den Fokus statt auf Krankheit und Probleme auf ihre Ressourcen richten, um weiterzukommen. Ihnen gemeinsam ist, dass sie verletzlicher geworden sind, das Vertrauen in ihre eigene Urteilskraft verloren haben und fürchten, wieder in die Erschöpfung abzurutschen. Sie müssen sich selbst neu verstehen und unterstützende Verhaltensweisen für den Alltag finden.

EMOTIONALE STRESSURSACHEN

Wir verbinden Stress oft mit unserer Arbeitssituation, damit, zu viel um die Ohren und zu viele unerledigte Aufgaben zu haben. Wie Untersuchungen jedoch belegen, sind es die gefühlsmäßigen Belastungen, die in höherem Grad zu anhaltenden Stresssymptomen führen. Der amerikanische Psychologe Sheldon Cohen untersuchte, ob gestresste Menschen stärker gefährdet sind, sich beispielsweise mit einer Erkältung anzustecken. Das unmittelbar im Alltag zu überprüfen ist komplex, da eine lange Reihe von Faktoren hineinspielt, z. B. wie häufig man in Kontakt mit Ansteckungsquellen ist. Aus diesem Grund quartierte er die Probanden in ein speziell für sie reserviertes Hotel ein. Beim Einchecken ins »Erkältungshotel« füllten die Teilnehmer einen Fragebogen zu ihrer aktuellen Lebenssituation aus. Anschließend wurde ihnen über die Nase ein Erkältungsvirus injiziert, wonach sie eine Woche lang isoliert wurden.
Zu Cohens Überraschung zeigte sich, dass die Menschen, die sich *gefühlsmäßig*

nicht im Gleichgewicht befanden, in besonderem Maße für die Ansteckung empfänglich waren. Nicht die Abgehetzten, die viel zu viel um die Ohren hatten, waren am gefährdetsten.

Stress steht besonders mit den Gefühlen Angst oder Wut in Zusammenhang.

Das hat einen guten Grund. Wenn wir in Gefahrensituationen geraten, schüttet der Körper einen Strom von Hormonen aus – unter anderem Cortisol und Adrenalin. Konkret passiert im Körper Folgendes: Der Blutdruck steigt, die Muskeln füllen sich mit Blut, das Herz hämmert, der Blutzucker steigt an und all das liefert Energie, um zu fliehen oder um zu kämpfen. Aus diesem Grund können Sie, wenn Ihr Kind in Gefahr ist, von einer Sekunde auf die andere schneller als jemals zuvor laufen oder wie ein Bär kämpfen.

Die Ausschüttung von Stresshormonen im Körper ist eine gesunde, natürliche und lebensnotwendige Funktion. Aber sie ist physiologisch nur für kurzanhaltende Situationen vorgesehen. Der Sinn besteht darin, dass die Stresshormone für eine bedrohliche Akutsituation ausgelöst werden – und anschließend abklingen. Tun sie das nicht und stellt sich ein Zustand von chronischem Stress ein, ist das für Ihre Lebensqualität und Ihre Gesundheit auf längere Sicht verheerend. Der Ausstoß von Adrenalin in den Körper ist wie gesagt mit Angst und Wut verbunden. Dabei wird Adrenalin aber nicht nur in stark bedrohlichen Situationen ausgeschüttet, sondern auch in den alltäglichen kleinen Momenten von Besorgnis und Irritation. Die kleine Sorge ist eine schmalere Ausgabe von Angst, und Irritation ist eine leichtere Variante von Wut.

STRESSAUSLÖSENDE GEDANKEN

Auch Ihre Gedanken bestimmen Ihre Gefühle mit. Allein der Gedanke an das, was Sie bekümmert, wütend macht oder irritiert, kann Stresshormone auslösen. Lassen Sie mich ein Beispiel nennen. Vielleicht kennen Sie es, dass sich auf Ihrem Schreibtisch ein Stapel an zu erledigenden Aufgaben auftürmt. Der Haufen an sich verursacht keinen Stress – ungeachtet des Umfangs. Stressend können Ihre Gedanken rund um die Aufgaben sein.

Es macht einen großen Unterschied, ob Sie denken: *Oh je, das schaffe ich nie. Die anderen finden, ich sei zu langsam. Sie glauben, dass ich nicht gut genug bin. Oder*

»Du kannst nicht verhindern,
dass die Vögel der Besorgnis über deinen Kopf fliegen,
aber du kannst verhindern, dass sie auf deinem Kopf ein Nest bauen.«

aus China

ob Sie denken: *Die Anstellung hier bietet wirklich Sicherheit – so viele Aufgaben, die erledigt werden müssen. Vorläufig können sie mich nicht entbehren. Sie haben wirklich Vertrauen zu mir, wenn sie der Meinung sind, dass ich all die Aufgaben bewältigen kann. Ich bin einfach gut!*
Was läuft in Ihren Gedanken ab? Sind Ihre Gedanken von Freude und Vertrauen oder von Besorgnis und Irritation geprägt? Achten Sie im Alltag auf Ihre Gedanken und Ihre Gefühle. Seien Sie sich bewusst, dass jedes Mal, wenn Sie Gedanken auf der Basis von Angst/ Besorgnis oder Wut/Irritation wälzen, Stress auf Ihren Körper einwirkt.

Denken Sie die Gedanken konkret zu Ende. Seien Sie spezifisch. Gibt es eine reale Ursache für Ihre Angst/Besorgnis oder Wut/Irritation? Dann müssen Sie jetzt etwas damit tun. Gibt es die nicht – dann lassen Sie den Gedanken los und üben Sie sich darin, Gedanken zu denken, die innere Ruhe und Freude auslösen.

FÜR GUTE STIMMUNG SORGEN

Im Beisammensein mit anderen tendieren Hochsensible dazu, unermüdlich für gute Stimmung sorgen zu wollen. Möglicherweise haben Sie bereits in der Kindheit ein Muster entwickelt, durch das Sie die Verantwortung für die gute Stimmung übernehmen, auch dann, wenn Sie in gewissen Situationen damit auf weiter Flur allein stehen und andere Ihren Bestrebungen eventuell sogar entgegenarbeiten.
Vielleicht ist eine harmonische Atmosphäre für hochsensible Menschen daher von großer Bedeutung, weil es sich innerlich entsetzlich anfühlt, wenn man sich in lieblosen und negativen Stimmungen voller Irritation, Klagen, Kritik, Wut und Schweigen befindet. Die negative Stimmung sorgt für Überreizung und man sieht sich gezwungen, etwas zu unternehmen, um das zu ändern oder der Situation zu entkommen. Für einige Menschen ist es natürlich, sich zurückzuziehen, die

Aufmerksamkeit nach innen zu richten und darauf zu warten, dass es vorüber-geht. Andere agieren in dem Versuch, die Stimmung zu verändern, mehr nach außen gerichtet und tragen dabei durch Wut und lieblose Worte selbst zu einer negativen Stimmung bei. Ich persönlich kenne beide Reaktionen.

Ich musste mit dem Versuch aufhören, die Dinge stets in der von mir gewünsch-ten Richtung zu steuern und zu kontrol-lieren. Das bedeutet, ich muss akzeptie-ren, dass ich nicht immer die von mir gewollten Ergebnisse erreiche und dass sich die Dinge nicht immer in der von mir gewünschten Richtung entwickeln – aber das taten sie früher auch nicht.

HOCHSENSIBLE AM ARBEITSPLATZ

Stress ist ein wachsendes Gesundheits-problem. Immer mehr Menschen fühlen sich in einem solchen Maß gestresst, dass es professioneller Hilfe bedarf. Eine deut-sche Studie der Techniker Krankenkasse aus dem Jahr 2013 belegt, dass psychisch bedingte Fehlzeiten seit 2006 um mehr als 75 Prozent zugenommen haben. Fast jeder sechste Krankschreibungstag in Deutsch-land ist inzwischen psychisch bedingt. Laut Statistischem Bundesamt haben Burnout-Fehltage in den letzten zehn Jahren um 70 Prozent zugenommen und nach Angaben der Weltgesundheitsorga-nisation WHO wird Stress im Jahr 2020 eine der wesentlichsten Krankheitsur-sachen sein. Stress ist ganz deutlich ein sehr ernstes Problem und hat mehr Nuancen als dieses Buch Platz, sie alle zu beschreiben.

Ich bin überzeugt, dass hochsensible Menschen besonders dafür disponiert sind, sich gestresst zu fühlen. Bei vielen könnte ein Stressniveau, das eine Krankschreibung erforderlich macht, vermieden werden, wenn es mehr Kenntnis und größeres Verständnis für diesen Charakterzug gäbe, wenn Leitungsebene und Kollegen darauf eingestellt wären, tolerantere und flexiblere Rahmenbedingungen zu schaffen, und wenn der Hochsensible selbst Verantwortung übernimmt, indem er sein Selbstwertgefühl stärkt, gesunde Grenzen entwickelt und geeignete Mittel und Wege findet, sich gegen Reizüberflutung in der Arbeitszeit zu schützen.

STRESSFAKTOREN IM BERUFS-LEBEN

Hochsensible funktionieren nicht gut in Großraumbüros mit Lärm und vielen Störfaktoren. Hochsensible mögen es überhaupt nicht, gestört zu werden, und haben häufig ein hohes Bedürfnis nach Anerkennung und Sicherheit, was die Arbeitsaufgaben betrifft.
An vielen Arbeitsplätzen gehören Pausen mittlerweile nicht mehr zum natürlichen Tagesrhythmus. Für den Hochsensiblen könnte es Überreizung und Stress vorbeugen, wenn er sich der Gemeinschaft entziehen und alleine Pause machen könnte, ohne daran zu denken, was Kollegen denken und erwarten.

Für Arbeitgeber wäre es von enormem Vorteil, hochsensiblen Mitarbeitern gute und sichere Arbeitsbedingungen zu schaffen. Hochsensible sind fantastische Mitarbeiter: Sie verfügen über eine überdurchschnittliche Fähigkeit, sich zu konzentrieren und sich zu vertiefen, und sie sind enorm fleißig. Sie sind flexibel und haben Sinn für neue Ideen, sind intuitiv, kreativ, freundlich, rücksichtsvoll und in der Lage, für gute Stimmung zu sorgen – sofern sie nicht unter Reizüberflutung leiden.

Lesen Sie mehr über gute Arbeitsroutinen im Abschnitt *Überreizung, die Sie nicht vermeiden können oder wollen*, ab Seite 88.

SENSIBILITÄT UND ÄLTERWERDEN

Man wird mit dem Alter nicht unbedingt sensibler, auch wenn es den Anschein haben kann.

Im Alter zwischen 40 und 50 Jahren stellen sich bei Frauen eine Reihe hormoneller Veränderungen ein, die häufig sowohl den physischen als auch den psychischen Energiehaushalt beeinflussen. In der Mitte des Lebens kommt es zu großen Veränderungen in Bezug auf Gedanken, Prioritäten und Lebensanschauung.

Frauen und Männern ist gemeinsam, dass sie mit dem Älterwerden nicht mehr über dieselbe Energie verfügen. Aus diesem Grund können sie nicht mehr das Gleiche bewältigen wie früher. Tendiert man dazu, viel in sich aufzunehmen und nach innen zu richten, kann man nicht mehr so viel wie früher verdauen. Man wird ganz einfach schneller überreizt.

EINFACH WEITERMACHEN?

Überhören Sie die Signale der Veränderungen und machen weiter wie immer, mit den gleichen Erwartungen und den gleichen Mustern, werden Sie langsam (aber sicher) mehr und mehr Überstimulierung erleben, sich erschöpft und vielleicht sogar ausgebrannt fühlen. Sie werden sich selbst verschleißen mit einem hohen Risiko dafür, so stark ins Ungleichgewicht zu geraten, dass es Ihnen schwerfällt, den Alltag zu bewältigen. Sie verlieren schrittweise den Humor und die Lust, Ihre Einstellung wird immer negativer und Sie fühlen sich möglicherweise deprimiert und unglücklich.

Dann erleben Sie statt Enthusiasmus, Lebensfreude und Energie vielleicht immer häufiger Frustration und Machtlosigkeit. Sie wollen sich zurückziehen und wünschen sich an einen anderen Ort, können in Zweifel geraten, ob Sie die richtige Arbeit oder den richtigen Partner haben und Sie werden sich Ihres eigenen Könnens unsicher. Einige Menschen berichten, dass sie sich selbst nicht wiedererkennen.

All das können Ursachen für eine Überreizung in sich selbst sein, weil Sie immer weniger der Mensch sind, der Sie sein möchten.

MUT ZUR VERÄNDERUNG

Hochsensible werden oft von negativen Gedanken über sich und die eigenen Fähigkeiten gequält und setzen sich selbst unter Druck. Die unzweckmäßigen Muster, die man während des Lebens entwickelt hat, beginnen schließlich in einem Grad zur Belastung zu werden, der Veränderungen unumgänglich macht, will man Lebensqualität, Gesundheit, Freude und Energie bewahren. Ist man es z. B. gewohnt, sich nach dem Lob anderer zu richten oder sich aufgrund von Angst vor Kritik zu verhalten, wird sich im Alter 45+ eine Frage melden, die wichtiger als jemals zuvor ist:

Was will ich eigentlich?

Die Lösung besteht nicht darin, sich zu isolieren und vielleicht auch nicht darin, den Arbeitsplatz zu wechseln oder den Partner zu verlassen. Unangenehmes hat die Angewohnheit, einem zu folgen. Es führt kein Weg daran vorbei, anzufangen, auf sich selbst zu hören und die eigenen Verhaltens- und Reaktionsmuster zu ändern. Wenn Sie sich nicht schrittweise dem Abgrund nähern wollen, müssen Sie den Mut finden, für die notwendigen Veränderungen zu sorgen – egal auf welche Reaktionen Sie in Ihrem Umfeld treffen oder welche Reaktionen Sie befürchten.

Die klassischen Veränderungen sehen so aus:

⭐ Sie müssen lernen, gut auf sich selbst Acht zu geben, bevor Sie an andere denken, und sich selbst nicht mehr abverlangen, als es Ihre Kräfte zulassen.

⭐ Wenn Sie aus missverstandener Liebe der Auffassung sind, Sie müssten sich den Wünschen und Bedürfnissen anderer unterwerfen, dann müssen Sie lernen, entsprechend dem, was Sie wirklich wollen, an den richtigen Stellen Ja und Nein zu sagen.

⭐ Sie müssen lernen, Dinge abzulehnen und gesunde Grenzen zu setzen.

⭐ Sie müssen lernen, auf sich selbst und Ihren eigenen Antrieb zu hören, anstatt sich aus Angst vor dem, was andere denken und meinen, zurückzuhalten.

Unsere Reaktionsmuster und Verteidigungsmechanismen haben sich aus bestimmten Gründen gebildet. Einige davon haben wir entwickelt, um unerwünschte Gefühle zu überdecken, z. B. die Angst vor Einsamkeit, Versagen oder Minderwertigkeit. Es ist notwendig, dass Sie bewusst Verantwortung für die unerwünschten Gefühle übernehmen und sie als Teil Ihrer Selbst akzeptieren.

DIE ZWEITEN WECHSELJAHRE

Höchstwahrscheinlich vollzieht sich während des Älterwerdens eine Veränderung in Ihnen, der Sie sich kaum bewusst sind.

Vielleicht sind die unerwünschten Gefühle in Wirklichkeit nicht mehr so aktuell, und vielleicht ist es viel einfacher, Ihre Muster zu ändern, als Sie es erwarten.

Im Alter von 45+ kommen wir in unsere *zweiten* Wechseljahre. In der Pubertät geschahen große Veränderungen, als wir uns vom Kind zum Erwachsenen entwickelten. In den zweiten Wechseljahren kommt es zu großen Veränderungen, während wir uns vom Erwachsenen zum älteren Menschen entwickeln.
Während dieser Zeit müssen wir uns von

der Schönheit der Jugend, ihren Möglichkeiten, ihrer Spontanität und Frische verabschieden. Sind wir aber offen dafür, bietet das Alter die Möglichkeit für eine größere Tiefe und Fülle im Leben sowie eine Suche nach den höheren Werten des Lebens. Werte sind keine Sachen – kein neues Haus, neue Schuhe oder ein neues Auto. Werte sind das Gefühl, dass Sie in dem erlangen, was Sie tun, erleben und realisieren.

Vielen hochsensiblen Menschen geht es am besten, wenn sie ihr Leben als sinnvoll empfinden und von Werten bestimmt wie *Liebe, Freude, Dankbarkeit, Frieden, Mitmenschlichkeit, Rücksicht, Freundlichkeit, Mitgefühl, Wertschätzung, Zusammengehörigkeit, Freiheit, Balance und Gesundheit.*

Um sich in dieser Entwicklung selbst zu finden, kann es eine große Hilfe sein, Unterstützung von einem Therapeuten oder einem Coach zu bekommen. Diese Unterstützung kann dabei helfen, den Reichtum, den das Leben bringt, zu erkennen und auszuschöpfen. Gerade weil Hochsensible meist tiefer über Leben und Tod reflektieren, interessieren sie sich in höherem Grad als der Durchschnitt für persönliche Entwicklung, Therapie und Coaching.

HOCHSENSIBILITÄT UND PARTNERSCHAFT

Forschungsergebnissen von Elaine Aron zufolge findet sich in mindestens 34 Prozent aller Ehen ein hochsensibler Partner. Nicht immer werden die Veränderungen, die Sie beim Entdecken Ihrer Hochsensibilität durchlaufen, in der Familie und der Ehe willkommen geheißen werden. Aber selbst wenn Sie auf Widerstand treffen und nicht das Verständnis finden, das Sie sich verständlicherweise wünschen, sollten Sie nicht verzweifeln oder überstürzt agieren.

Scheidung ist auf jeden Fall weit entfernt von einer Lösung, obgleich es verlockend sein mag, sich weit weg von einer Beziehung zu wünschen, der es an Verständnis mangelt. Sie können nicht erwarten, dass Ihr Partner den roten Teppich ausrollt und alle Hindernisse, unerwünschten Gefühle und Reaktionen aus dem Weg räumt. Vielleicht entdecken Sie gerade, wie schwer es Ihnen fällt, Grenzen zu setzen, weil Sie dann bislang Schuldgefühle hatten oder Zurückweisung befürchteten. Möglicherweise haben Sie aus missverstandener Liebe Ihren Partner daran gewöhnt, dass er nur eine Augenbraue heben muss, bevor Sie ihm entgegenkommen, weil Sie sonst unwirsche Reaktionen fürchten – dann dürfen Sie nicht erwarten, dass Ihr Gegenüber diese Privilegien freiwillig aufgibt.

Sie müssen akzeptieren, dass es Zeit benötigt, bevor alle die Konsequenzen einsehen, die damit einhergehen, dass Sie Hochsensibilität in die Familie eingeführt haben.

Sie brauchen auch sich selbst gegenüber Geduld und Fürsorge, während Sie sich in einer neuen Weise kennenlernen.

Wenn Sie auf Widerstand treffen, ist das nicht immer Anlass, auf Abstand zu gehen oder zu versuchen, das Verhalten des anderen zu ändern; es kann auch eine Motivation dafür sein, Ihre Grenzen zu erkennen und Ihre Werte zu vertreten. Das heißt, dass Sie sich dahingehend entwickeln, mehr Sie selbst zu sein, unabhängig von dem, was andere meinen oder für angemessen halten.

HOCHSENSIBLE KINDER

Wie bereits erwähnt, herrscht Uneinigkeit darüber, inwiefern der sensible Charakterzug angeboren und erblich ist. Viele Eltern und Personen, die professionell mit Kindern arbeiten, sind sich jedoch einig, dass es einen Unterschied in der Empfindsamkeit von Kindern gibt – selbst in einem sehr frühen Alter. Das trifft sowohl auf Mädchen als auch auf Jungen zu. Hochsensible verfügen sozusagen über empfindsamere Antennen, die Reize in einem höheren Grad als andere registrieren und empfangen.

Ebenso wie beim Erwachsenen sind beim Kind die Bereiche verschieden, in denen es hochsensibel ist. Es besteht ein großer Unterschied zwischen einem Kind, das primär im physischen Bereich sensibel ist, und einem, das primär im sozialen Bereich hochsensibel ist.

Auch in den Verteidigungsmechanismen und Reaktionsmustern hochsensibler Kinder gibt es Unterschiede. Einige Kinder haben kein Bedürfnis nach sonderlich vielen Eindrücken, sie bevorzugen Ruhe und Stille und gelten als in sich gekehrt, nachdenklich, vorsichtig, schüchtern oder scheu. Andere Kinder haben das Bedürfnis, dass etwas passiert, und suchen Herausforderungen. Sie werden oft als nach außen gerichtet, energisch und neugierig empfunden. Dennoch wird es auch für sie leicht zu viel des Guten, und sie reagieren mit Unruhe und Überdrehtheit.

> Von Natur aus sind alle Kinder sensibel, kreativ, intuitiv und liebevoll. Ob Kinder hochsensibel sind, hängt mehr davon ab, wie leicht sie sich überreizt fühlen, das heißt, wie schnell sie den Schließpunkt erreichen, an dem es ihnen zu viel wird und sie nicht mehr aufnehmen können.

Auf hochsensible Kinder kann es eine besonders positive Wirkung haben, wenn man ihnen mit Respekt und Verständnis begegnet und sie Wertschätzung für die Eigenschaften erhalten, die mit ihrer Hochsensibilität einhergehen.

Für das Selbstverständnis, das Verhalten und die Entwicklung dieser Kinder ist es entscheidend, dass die Erwachsenen sie verstehen und ihnen beibringen, in einer guten und positiven Weise mit ihrer Sensibilität umzugehen.

GESUNDE BALANCE

Gleichgewicht ist wichtig. Es ist Aufgabe des Erwachsenen, das Kind zu beschützen. Aber es ist missverstandene Liebe, wenn man das Kind überbehütet. Es geht darum, eine Balance zwischen zu viel und zu wenig Stimulanz zu finden. Das wiederum ist vom jeweiligen Kind und der konkreten Situation abhängig. Denken Sie daran, dass auch fröhliche und positive Situationen auf das Kind überreizend wirken können.

Hochsensible Kinder haben oft große Erwartungen an sich selbst, die es ihnen schwer machen, Situationen zu meistern, die für andere unbedeutend erscheinen. Weil das Kind intensiv über Dinge nachdenkt und sehr empfänglich für Eindrücke ist, kann es ihm schwerfallen, sich gegenüber zu vielen Möglichkeiten und Informationen auf einmal zu verhalten. Das hochsensible Kind gedeiht und funktioniert innerhalb von klaren und überschaubaren Abläufen sowie in einem festen Rahmen oft am besten.

SPIRITUALITÄT

Viele hochsensible Menschen verfügen über eine natürliche Offenheit in Bezug auf Spiritualität und geistige Erlebnisse. Ihrem Empfinden nach sind sie Teil einer größeren Ganzheit, mit der sie in Kontakt stehen und die über das Physische hinausgeht.

Der spirituelle Kontakt kann eine Quelle für Lebensqualität und Entwicklung, aber auch Anlass für Ungleichgewicht und Überreizung sein. Entscheidend ist, ob es Ihnen gelingt, Ihre Spiritualität in einer schlichten, bodenständigen und ausgeglichenen Weise in Ihren Alltag zu integrieren.

Genau betrachtet geht es bei Spiritualität darum, in unserem Herzen, in unseren Beziehungen und in unseren Handlungen mit Liebe und Mitgefühl zu leben.

DEN EIGENEN WEG DAMIT FINDEN

Sie haben Ihre Spiritualität früher vielleicht abgetan, weil Sie in Zweifel gerieten, sich anders fühlten oder sie für nicht wichtig hielten. Es kann jedoch eine große Erleichterung sein, sich seines Glaubens bewusst zu sein und ihn in den Alltag zu integrieren.

Fällt es Ihnen schwer, mit Ihrer Spiritualität und Ihrem Glauben zu leben oder mit anderen Menschen über Ihre Erlebnisse zu reden, entstehen leicht Gefühle wie Einsamkeit, Frustration und Unruhe. Es gibt viele Gemeinschaften, in denen es natürlich ist, über Glaube und Spiritualität zu sprechen. Über die Kirchen hinaus gibt es viele spirituelle und geistige Gemeinschaften, die für alle offen sind.

SICH MIT DER EIGENEN FEINFÜHLIGKEIT ANFREUNDEN

1

Beide Seiten sehen

Aufgrund der erhöhten Empfindsamkeit des Nervensystems erleben Hochsensible sowohl positive wie negative Reize stärker. Einerseits besteht eine erhöhte Anfälligkeit für Reizüberflutung, Erschöpfung und Stress. Wer hochsensibel ist, neigt zugleich dazu, sich ein glückliches, sinnerfülltes Leben zu schaffen, das geprägt ist von Einfühlsamkeit, tiefen Erfahrungen und liebevollen Beziehungen.

2

Sich nicht als Außenseiter definieren

Jeder Mensch ohne Ausnahme kennt Stress, Erschöpfung und Überreiztsein. Darauf reagieren wir alle ziemlich ähnlich. Bei Hochsensiblen geschieht es einfach häufiger und schneller, weil es weniger braucht, bis sie überreizt sind.

3

Den Schließpunkt erkennen

Besonders sensible Menschen erreichen rascher einen Punkt, an dem sie nichts mehr aufnehmen können. Diesseits des Schließpunktes leben sie die positive Version ihrer selbst. Jenseits davon wartet die schlechteste Version. Man bleibt hinter den eigenen Möglichkeiten zurück, reagiert unangemessen und ist nicht der Mensch, der man gerne sein möchte. So kann es passieren, dass man in sich selbst zur Überreizung beiträgt.

4

Das richtige Maß finden

Zu viel Anregung erschöpft und stresst Ihr Nervensystem. Auf der anderen Seite kann zu wenig Stimulierung durch Isolierung und Rückzug dazu führen, dass Sie noch empfindlicher werden. Finden Sie die richtige Balance für sich selbst.

5

Die eigenen Werte leben

Feinfühlige Menschen fühlen sich oft dann am wohlsten, wenn sie ihr Leben und ihre Beziehungen als sinnvoll erleben und Werte wie Liebe, Freude, Mitgefühl, Verbundenheit, Sorgfalt und Freundlichkeit im Mittelpunkt stehen. Werte sind keine Dinge; sie sind das Gefühl, das aufsteigt, wenn Sie tun, was Sie im tiefsten Inneren als wahr und richtig erleben.

6

Spiritualität als Quelle nutzen

Vielen hochsensiblen Menschen ist eine natürliche Offenheit für Spiritualität und spirituelle Erfahrungen zu eigen. Sie fühlen sich als Teil eines größeren Ganzen, das mehr als nur die physische Welt einschließt. Spiritualität kann eine wunderbare Quelle von Lebendigkeit und innerem Frieden sein.

Seien Sie gut zu Ihrer Sensibilität: Sich schützen und die eigenen Potenziale leben

In diesem Kapitel

Erproben Sie Wege, sich selbst und anderen
gesunde Grenzen zu setzen

»——»

Entdecken Sie, welchen Schutz Ihnen Achtsamkeit
und Gegenwärtigkeit bieten

»——»

Lernen Sie konkrete Strategien kennen,
um Reizüberflutung zu verhindern

»——»

Finden Sie heraus,
wie Sie am sinnvollsten reagieren,
wenn Sie Überreizung nicht
verhindern können oder wollen

SELBSTFÜRSORGE

Es ist entscheidend für Ihr Wohlbefinden, Ihre Lebensqualität, Freude und Energie, dass Sie in der Lage sind, gut mit Ihrer Sensibilität umzugehen. Sonst werden Sie immer wieder in Situationen geraten, die Sie überreizen und erschöpfen.
Es geht nicht darum, sich zu isolieren oder ein normales Leben zu meiden, um sich vor Reizüberflutung zu schützen. Je mehr Sie sich isolieren, desto sensibler werden Sie. Das kennen Sie vielleicht, wenn Sie sich an einem sehr stillen Ort befinden. Dort wirkt das geringste Geräusch überwältigend.

Sie können gut zu Ihrer Sensibilität sein,
⭐ indem Sie den Fokus auf die besonders positiven Züge richten, die potenziell Teil Ihrer Sensibilität sind,
⭐ indem Sie unermüdlich für Ihre Herzensangelegenheiten tätig sind und
⭐ indem Sie das Augenmerk generell auf das legen, was Sie gern machen und erreichen wollen und dementsprechende Entscheidungen treffen.

VERSTEHEN SIE SICH SELBST

Es kann befreiend sein zu entdecken, dass hohe Sensibilität lediglich ein neutraler Charakterzug ist und Menschen sich darin unterscheiden. Das erleichtert Ihnen, Ihre Bedürfnisse zu akzeptieren und für diese zu sorgen.
Wüsste ich z. B. nicht, dass ich ein Morgenmensch bin und mein Mann ein Nachtmensch ist, könnte es schwer sein zu verstehen, warum ich abends müde bin, während mein Mann noch immer putzmunter ist. Ich würde mir vielleicht Vorwürfe machen und denken, ich müsste länger aufnahmefähig bleiben: *Mit mir muss wohl etwas nicht stimmen!* Mein Mann würde das wahrscheinlich ähnlich sehen, weil er selbst die Müdigkeit nicht verspürt. Bis ich entdecke, dass ich ein Morgenmensch bin und es vollkommen natürlich ist, am Abend müde zu sein. Jetzt verstehe ich mich selbst und akzeptiere den Unterschied. Ich verstehe, warum ich früher ins Bett gehen muss, um optimal zu funktionieren, und kann es wertschätzen, dass ich morgens munter bin, während mein Mann dann müde ist.

GESUNDE GRENZEN

Sich selbst gesunde Grenzen zu setzen kann für Hochsensible eine Herausforderung darstellen. Man tendiert leicht dazu, überverantwortlich für andere zu sein und unsicher darin, wann man genug getan hat.

Vielleicht sind Hochsensible in einem besonderen Maß von der Furcht getrieben, was andere Menschen denken. Wir wollen nicht langweilen oder für disharmonische Stimmung sorgen. Wir versuchen, den Erwartungen anderer zu entsprechen, wodurch es schwer sein kann, Nein zu sagen.

Gesunde Grenzen sind die größte Quelle für das Empfinden von Selbstrespekt sowie die Grundlage dafür, dass Sie der Mensch sein können, der Sie gern sein möchten.

Denken Sie daran, dass Sie das Recht haben, Grenzen zu setzen, ausgehend von dem, was gesund für Sie ist. Denken Sie auch daran, dass dies in Ihrer eigenen Verantwortung liegt.

MEIN BEISPIEL

Es hat mich überrascht zu entdecken, wie schwer es mir fiel, gesunde Grenzen zu setzen – in manchen Situationen ohne dass es mir bewusst gewesen wäre. Ich bin generell angemessen geduldig; ist meine Grenze aber erreicht, sage ich es deutlich. Diese Auffassung hatte ich – und soweit ich weiß andere auch – immer von mir gehabt.

Nachdem ich mir jedoch meines hochsensiblen Zuges bewusst geworden bin, habe ich angefangen, mich zu beobachten – äußerst gründlich. Was ich denke, was ich fühle und wie ich automatisch reagiere. Eines Tages, als ich mich unerwartet in einer schwierigen Situation befand, beobachtete ich mich genau. Ich war bei der Vorbereitung für einen Kurs, den ich in Kopenhagen halten sollte. Ich hatte viel zu packen, musste an vieles denken und am nächsten Morgen eine zeitige Fähre erreichen. Für gewöhnlich würde ich gut in der Zeit liegen und vor dem Abendessen mit dem Packen fertig sein – ich denke abends nicht so klar. Aber an diesem Tag setzte ich andere Prioritäten. Am Nachmittag fühlte ich mich müde und beschloss, ein Nickerchen zu machen und anschließend länger zu arbeiten. Das führte dazu, dass ich am Abend weit entfernt davon war, das Auto fertig beladen zu haben, als ich Besuch von einer Freundin bekam. Eigentlich passte es mir nicht, zu diesem Zeitpunkt unterbrochen zu werden, aber ganz automatisch – ich kann recht schnell sein – überlegte ich, was ich gerade tat, notierte, an was ich denken musste, und beschloss, am nächsten Morgen sehr früh aufzustehen, um fertig zu werden und die Fähre zu erreichen. Ich handelte vollkommen reflexhaft, obwohl ich weiß, dass es mich sowohl stresst als auch ermüdet, etwas auf den letzten Drücker zu erledigen.

Dazu kommt, dass ich der Ansicht bin, wir, mein Gast und ich, sehen einander zu wenig. Ich vermisse das Beisammensein, und ich hatte in der Vergangenheit mehrfach gebeten, uns zu verabreden – ohne dass mein Wunsch gehört worden wäre. Ich freute mich, die Freundin zu sehen. Unsere jeweilige Arbeit nimmt uns beide ziemlich in Anspruch, und sie weiß – weil ich es gesagt habe –, dass ich gern möchte, dass sie vorher anruft, damit ich meinen Tag danach planen kann. Weil ich mich aber freute, sie zu sehen, ließ ich um des Zusammensein willens schnell fallen, womit ich beschäftigt war. Also machten wir es uns gemütlich.

Gleichzeitig wurde mir deutlich, was in meinen Gedanken und Gefühlen geschah. In Wirklichkeit fühlte ich mich in der Situation überhaupt nicht wohl. Ich war

milde ausgedrückt irritiert, sogar sauer, beleidigt, fühlte mich nicht respektiert. Während wir dort saßen und uns nett unterhielten, wurde ich mir all dessen bewusst, was in mir passierte. Ich sagte nichts davon. Ich nutzte die Gelegenheit, zu beobachten und zu durchschauen, was in einer Situation wie dieser in mir auf einer tieferen und früher unbewussten Ebene ablief. Es wäre verlockend gewesen, meinem Gast von meinen Gefühlen zu berichten: dass ich sauer war, mich nicht respektiert und nicht gehört fühlte.

Ich entschied mich jedoch, selbst Verantwortung für die Situation zu übernehmen. Denn die Wahrheit ist, dass ich nicht in der Lage gewesen war abzusagen, eine gesunde Grenze für mich zu setzen, indem ich ihr nicht sagte, dass mir der Zeitpunkt nicht passte. Ich hatte mich nicht getraut, das auszusprechen. Mir wurde bewusst, dass ich mich in vielen anderen Situationen auch nicht traue, etwas zu sagen, wenn enge Beziehungen im Spiel sind. Daher ging es nicht darum, von meinem Gegenüber Respekt und ein geändertes Verhalten zu verlangen.

Ich musste es wagen, meine Grenzen zu setzen.

DARUNTERLIEGENDE GEFÜHLE

Stillschweigend beschloss ich für mich, dieses Muster zu ändern. Ich nutzte die Gelegenheit, die Gefühle zu spüren, die meine Absage verhinderten.

Gewisse Erlebnisse und Situationen tragen dazu bei, tiefe Gefühle zu aktivieren, die in ihrem Umfang nicht zu der jeweiligen Situation gehören, die aber automatisch aus den Tiefen des Unbewussten auftauchen. Daher können unsere Gefühle in bestimmten Fällen im Verhältnis zu der Situation, in der wir uns befinden, unpassend und überwältigend erscheinen.

Während ich dort saß, wurde mir vollkommen klar, dass ich nicht in der Lage war, Grenzen zu setzen und mit Geduld und Freundlichkeit Nein zu sagen, wenn es um meine engen gefühlsmäßigen Beziehungen geht. Hatte ich meinen Nächsten früher dennoch etwas abgeschlagen, war ich irritiert oder zornig – und anschließend bedauerte ich es.

Mir wurde klar, dass ich nicht Nein sagen konnte, weil ich Angst vor der Reaktion des anderen hatte. Ich fürchtete, es würde ihn irritieren, verletzen, er würde denken, ich sei zu schwierig, er würde mich nicht mehr mögen und dass ich mich unerwünscht, verlassen und allein fühlen würde.

Ich war erschüttert festzustellen, wie viele Gefühle da im Spiel waren – Gefühle, die überhaupt nicht in logischem Zusammenhang zu der Situation standen und trotzdem lebensbedrohlich wirkten und mir Angst machten.

Ich sah, dass ich über jahrelange Übung verfügte, Dinge schnell zu organisieren, um zu vermeiden, meine verwundbaren Gefühle zu spüren. Aber diesmal, während ich mich gemütlich unterhielt, erlaubte ich mir, meine Reaktionen zu beobachten und meine Gefühle in vollem Umfang wahrzunehmen, und ich gelobte mir, mich zukünftig meiner Gefühle anzunehmen und mein Verhalten mit Akzeptanz, Geduld und Behutsamkeit zu ändern. Ich hatte nicht das Bedürfnis, von meinem Erleben zu berichten – ich forderte von meinem Gegenüber keinen Respekt oder eine Verhaltensänderung.

Mein Beschluss, mir in Zukunft meiner Grenzen bewusst zu sein und auf sie zu achten, reichte aus. Ich hatte meine Furcht, im Stich gelassen zu werden, mich unerwünscht und allein zu fühlen, durchschaut. Ich weiß, dass es nicht lebensbedrohlich ist, wenn ich Grenzen setze, wenn ich Nein sage. Ich weiß, dass ich wohl überleben werde, wenn ich in der Zukunft jemandem etwas abschlage.

GRENZEN SETZEN

Praxistipps

Fangen Sie an, die Aufmerksamkeit auf Ihre Grenzen zu richten, diese kennenzulernen und zu bemerken, wann sie überschritten werden. Seien Sie während des Lernens geduldig mit sich. Es gelingt nicht jedes Mal.

Nicht sofort entscheiden

⭐ Eine gute Grundregel ist, dass Sie nicht gleich hier und jetzt antworten oder sich entscheiden müssen. Hochsensible Menschen sind nicht immer besonders schnell. Warten Sie mit Ihrer Antwort oder Ihrer Entscheidung, bis Sie darüber nachgedacht, darüber geschlafen und nachgespürt haben, was das Richtige für Sie ist. Das ist keine Ausrede dafür, keine Stellung zu beziehen. Hochsensible tendieren dazu, für Entschlüsse lange zu brauchen. Darum geht es hier nicht. In den meisten Fällen wird es in Ordnung sein, um Bedenkzeit zu bitten. Versprechen Sie, auf die Frage zurückzukommen – und tun Sie das auch.

Was lässt sich ändern?

⭐ Begegnen Sie sich selbst mit Geduld, Akzeptanz und Freundlichkeit, wenn Sie merken, dass eine Ihrer Grenzen überschritten ist. Klären Sie, ob Sie die Situation ändern können – und tun Sie es. Oder klären Sie, was Sie das nächste Mal machen wollen, wenn Sie in die gleiche Situation geraten.

Flexibel halten

⭐ Grenzen sind verschieden und situationsabhängig, beeinflusst davon, wie es Ihnen geht und mit wem Sie zusammen sind. Grenzen sollten flexibel sein, sodass sie das von Ihnen Gewünschte einschließen und das Unerwünschte ausschließen.

Verantwortung übernehmen

⭐ Natürlich dürfen wir Respekt und Gehör für unsere Wünsche und unsere Grenzen erwarten. Aber nicht in allen Situationen ist das das Erste, was wir fordern und erwarten sollten. Wenn wir Verantwortung für uns selbst und unsere eigenen Grenzen übernehmen, zeigt sich, dass viele Dinge in der besten Art und Weise und zum Wohle aller Beteiligten an ihren Platz fallen.

Ja sagen zu sich selbst

★ Sollte es dazu kommen, dass wir etwas verlieren, indem wir jemand etwas abschlagen, so ist es das Risiko trotzdem wert, denn sagen wir nicht Nein, dann verlieren wir das Allerwichtigste – wir verlieren uns selbst.

ERKENNEN SIE IHRE GRENZEN

Überlegen Sie, in welchen Situationen es Ihnen schwerfällt, Grenzen zu setzen. Denken Sie an eine konkrete Situation, in der es nicht gelungen ist, Nein zu sagen.

Was dachten Sie, was fühlten Sie, was taten Sie?

Was war die eigentliche Ursache dafür, dass Sie nicht ablehnten?

Was befürchteten Sie würde passieren, wenn Sie Nein sagen?

Was befürchteten Sie würde noch passieren, wenn Sie Nein sagen?

BESCHLIESSEN SIE, FROH ZU SEIN

Unser Gemütszustand ist oft von den Umständen abhängig. Die Stimmung schwingt im Takt mit dem, was sich um uns herum abspielt. Vielen Menschen fällt es schwer, froh und zufrieden zu sein – sie wollen immer mehr haben oder wünschen es sich anders.

Doch Freude beruht nicht darauf, dass Sie sich über irgendetwas freuen müssen.

Sie selbst bestimmen, ob Sie froh sein werden.

Es geht um einen Beschluss.
Wenn Sie beschließen, froh zu sein, ist es, als würden Sie eine Stirnlampe aufgesetzt bekommen, die leuchtet und Ihnen die Augen für die Möglichkeiten öffnet. Es geht nicht darum, sich nie mehr an etwas zu stören. Niemand wird froher davon, niemals etwas abzulehnen. Es geht vielmehr darum, sich dem grundlegenden Empfinden von Freude bewusst zu sein sowie dessen, was Sie tun können, um zur Freude zurückzufinden, wenn Sie diese verloren haben.

Der Grad an Freude und Zufriedenheit hängt von Ihren Erwartungen sowie den Ihnen zur Verfügung stehenden Möglichkeiten ab, diese Erwartungen einzulösen. Je geringer der Abstand zwischen Ihren Erwartungen und Ihren Möglichkeiten ist, desto froher und zufriedener werden Sie sein.
Die Möglichkeiten können Sie nur zu einem gewissen Grad ändern, Ihre Erwartungen jedoch können Sie jederzeit ändern. Das gilt sowohl für Erwartungen an sich selbst als auch für Erwartungen an andere.

TUN SIE ETWAS FÜR SICH

Viele Untersuchungen haben gezeigt, dass sich hochsensible Menschen, denen es gelingt, im Alltag regelmäßig Möglichkeiten zum Aufladen der eigenen Akkus zu schaffen, wohler fühlen als der Durchschnitt aller Menschen. Denn es wirken bei ihnen nicht nur negative Einflüsse tiefer ins System hinein, sondern auch positive Stimuli. Hochsensible Menschen werden in besonderem Maß von Kunst, Musik und der Natur genährt.

Ich habe viel zu tun, und ich habe viele Bälle gleichzeitig in der Luft. Es erfordert Struktur, Selbstdisziplin und Willensstärke, um alles zu schaffen, aber letztendlich geht es um das Setzen von Prioritäten, eine gute Planung und darum bewusst zu wählen: sich für und gegen etwas zu entscheiden.
Früher erhöhte ich lediglich das Tempo. Das kann ich nicht mehr. Ich muss akzeptieren, dass Dinge Zeit brauchen und ich nicht alles schaffen kann, was ich gern möchte. Es ist entscheidend für mein Wohlbefinden und mein inneres Gleichgewicht, dass mein Alltag immer wieder auch Ruhe und aufbauende Erlebnisse beinhaltet, die meine Gesundheit und mein Wohlgefühl stärken.
Ich lege meine Prioritäten darauf, etwas Gutes für mich zu tun. Ich meditiere und praktiziere Achtsamkeit, ich mache Sport, bade das ganze Jahr über im Meer, genieße den Sonnenaufgang, gehe zur Massage und Reflexzonentherapie und esse gesund, das heißt eine Kost, die mir Nährstoffe und Energie liefert. Ich gehe früh ins Bett, stehe früh auf, höre sanfte Musik, schreibe Tagebuch, lese, ich bin kreativ, plaudere und lache mit meinen Freunden und meiner Familie.

TUN SIE SICH ETWAS GUTES

Was können und was wollen Sie tun, um sich selbst etwas Gutes zu tun? Wie und wann wollen Sie das tun? Seien Sie spezifisch.

_____

_____

_____

_____

_____

_____

_____

_____

»Es gibt keinen Weg zum Glücklichsein.
Glücklichsein ist der Weg.«

Thich Nhat Hanh

WISSEN, WAS SIE TUN KÖNNEN UND TUN WERDEN

Wenn ich Kurse für Hochsensible gebe, geschieht es oft, dass ich vorab von Interessenten angerufen werde, die wissen möchten, was im Kurs passiert. Sie wollen wissen, wie viele Teilnehmer kommen, wie lange die Pausen sind und ob die Möglichkeit besteht, in den Pausen zur Toilette zu gehen. Die Fragen bezeugen eine Furcht davor, Situationen ausgesetzt zu sein, mit denen sie aus Erfahrung schwer umgehen können.

Die meisten fühlen sich sicher, sobald sie hören, dass es für mich vollkommen in Ordnung ist, wenn sie mitten im Kurs aufstehen und hinausgehen, falls sie an einen Punkt kommen, an dem sie nicht mehr aufnehmen können.

Es ist deutlich: Auch wenn es für einige Menschen notwendig ist, sich zurückzuziehen, bedeutet es eine große Überwindung, das auch zu tun, weil sie befürchten, die übrigen Teilnehmer würden dies als verkehrt und störend empfinden. Ich bin mir sicher, dass es Menschen gibt, die sich stören lassen, die es für sonderbar und eventuell mangelnden Respekt halten und ihrer Meinung vielleicht Ausdruck verleihen werden. Das kommt vor. Meiner Ansicht nach sind es jedoch jene, die mit Irritation und fehlendem Verständnis reagieren, die am meisten stören. Derjenige, der sich leise erhebt, hinausgeht, still zurückkehrt und sich wieder setzt, stört nicht; besonders dann nicht, wenn der Betreffende vorab mitgeteilt hat, dass er möglicherweise Bedarf für kurze Pausen hat.

Das Drollige ist, dass allein die Gewissheit über das, was man tun kann und will, z. B. sich aus einer Gruppensituation herauszuziehen, den meisten ausreichend Sicherheit gibt. Wie sich zeigt, ist es selten notwendig. Aber die Furcht davor, in einer Situation gefangen zu sein, der man nicht entkommen kann, hält nicht wenige Menschen von Veranstaltungen fern, an denen sie ansonsten gern teilgenommen hätten.

GENUG GETAN

In vielen Familien- und Arbeitsbeziehungen existieren emotionale Bindungen, gewohnheitsmäßige Reaktionen und unausgesprochene Erwartungen. Das kann Druck ausüben und überstimulierend wirken. Klären Sie ganz spezifisch, was Sie mitmachen wollen, und wie viel es braucht, bis es für Sie genug ist.

Wenn Sie nicht wissen, wann genug genug ist, werden Sie konstant das Gefühl haben, dass Sie mehr tun müssten, und Sie werden vermutlich ein schlechtes Gewissen verspüren, wenn Sie Nein sagen.

Seien Sie spezifisch. Klären Sie Ihre Grenzen dafür, wie viel Sie tun wollen, um genug getan zu haben. Gebrauchen Sie den Satz

Jetzt habe ich genug getan

und sagen Sie mit gutem Gewissen Nein. Das kann ein behagliches Gefühl von innerem Frieden schaffen.

FINDEN SIE DEN LAUTSTÄRKE-REGLER

Ich habe viel zu tun. Es gibt so viel, was mich begeistert, so viel, das ich gern erreichen möchte, so viel, über das ich mich freue. Das ist herrlich – Freude und Begeisterung. Wer möchte nicht gern mehr davon haben?

Ich handle schnell, bin effektiv, strukturiert und in der Lage, viele Bälle gleichzeitig in der Luft zu halten. Gute Fähigkeiten, über die ich glücklich bin. Ich habe viel Energie und Lust auf das, was ich angehe. Schön. Ich habe keine Probleme damit, in die Gänge zu kommen. Alles zusammen gute Eigenschaften, über die ich mich freue und für die ich dankbar bin. Aber es kann auch zu viel des Guten werden.

Das, worin wir gut sind, was uns leicht fällt, ist oft auch das, von dem wir ein wenig zu viel tun, um unerwünschte Gefühle zu vermeiden.

Das möchte ich gern erklären.
Auch wenn ich glücklich über meine Freude und meine Begeisterung bin, stolz

und dankbar, dass ich tatkräftig bin und viel schaffen kann, so habe ich in gewissen Zusammenhängen den Lautstärkeregler zu hoch gedreht – ich bin ganz einfach *zu* tatkräftig, mache *zu* lange weiter, wenn ich z.B. irritiert oder unsicher bin oder andere Gefühle verspüre, denen gegenüber ich mich bewusst oder unbewusst nicht verhalten will.

Haben wir den Lautstärkeregler zu weit aufgedreht, geht es nicht bloß darum, dass Entgegengesetzte zu tun. Ansonsten wäre es verlockend vorzuschlagen, man müsse lernen, nichts zu tun, wenn man zu viel zu tun hat und zu viele Dinge macht. Tut man zu wenig, müsse man lernen, viel zu tun. Aber das würde bedeuten, wider unsere Natur zu agieren.

Stattdessen geht es darum, den Lautstärkeregler ein wenig herunterzuschrauben und das Gleichgewicht zu finden, das zur eigenen Natur, dem eigenen Energiehaushalt und den eigenen Kräften passt, und sich gleichzeitig mit den unerwünschten Gefühlen auseinanderzusetzen.

IHR NATÜRLICHES TEMPO

Einige Menschen sind so schnell, dass sie ihren Gedanken, Worten und Handlungen beinahe selbst nicht folgen können. Sie überreizen sich selbst mit zu viel Arbeit, zu vielen Plänen und Tätigkeiten. Andere sind zu abwartend, zu langsam und müssen auf Touren, aus dem Versteck und in die Gänge kommen.

Sind Sie zu schnell, setzen Sie sich selbst unter Druck?

Oder sind Sie zu langsam und zu abwartend in Bezug auf das, was Sie mögen und was sich gut anfühlt?

Beobachten Sie Ihr Tempo, wenn Sie gehen, wenn Sie arbeiten, entspannen, sich ausruhen, essen, sprechen, Auto fahren, baden oder mit den Kindern spielen.

Arbeiten Sie daran, Ihr natürliches Tempo zu finden. Hören Sie auf Ihren inneren Rhythmus. Bewegen Sie sich bewusst in dem Tempo, bei dem Sie sich stark und im Gleichgewicht fühlen.

> **Küssen Sie den Boden mit Ihren Füßen**
> *Stellen Sie sich vor, dass Sie mit Ihren Füßen den Boden küssen. Gehen Sie wie der glücklichste Mensch auf der Welt. Stellen Sie sich vor, dass Sie eine Spur, einen Abdruck auf den Boden setzen, wenn Sie sich bewegen. Ist das eine Spur von Angst, Sorge, Irritation, Unzufriedenheit und Wut? Oder hinterlassen Sie einen Abdruck von Frieden, Liebe, Respekt und Mitgefühl?*

IHRE HERZENS-
ANGELEGENHEIT

Als hochsensibler Mensch haben Sie eine überdurchschnittliche Fähigkeit, sich zu vertiefen, sich zu konzentrieren sowie den zähen Willen, das durchzuziehen, wofür Sie brennen – wenn Sie gut auf Ihre Sensibilität achtgeben und gelernt haben, sich vor Überreizung zu schützen.

Wofür brennen Sie? Was macht Sie froh? Was möchten Sie gern mehr machen?
Warum möchten Sie das gern tun, und wer kann Freude daran haben, dass Sie das tun?
Was könnte Sie daran hindern, das zu tun? Warum ist das ein Hindernis?

_____

_____

_____

_____

_____

_____

_____

Wir haben eine Verabredung
MIT DEM LEBEN.
Sie findet genau im
HIER UND JETZT
statt.

Thich Nhat Hanh

PRÄSENZ ALS SCHUTZ

Der beste Schutz vor Überreizung ist die Fähigkeit, im gegenwärtigen Moment anwesend zu sein, ohne zu urteilen und ohne zu bewerten: präsent, mit Akzeptanz und Geduld den Gegebenheiten gegenüber.

Es geht nicht darum, sich abzuschotten oder das zu meiden, was potenziell überreizend wirken kann. Es geht darum, die Fähigkeit und Akzeptanz zu entwickeln, in den Gegebenheiten anwesend zu sein, so wie sie sind.

Mit Training und Wohlwollen ist es möglich, das Empfinden von Präsenz zu bewahren, unabhängig davon, wo Sie sich aufhalten und was um Sie herum passiert – auch auf dem Flughafen, im Stau auf der Autobahn, im Supermarkt oder auf der Familienfeier.

Entscheidend ist, worauf Sie Ihre Gedanken fokussieren. Wenn Sie die Gegebenheiten nicht akzeptieren, sich irritieren lassen und sich die Umstände anders wünschen, verlieren Sie die Gegenwart, und die Wahrscheinlichkeit für eine Überreizung ist hoch.

Wenn es Ihnen gelingt, im Jetzt anwesend zu sein, werden Sie sich zu Hause fühlen, egal wo Sie sind. Fühlen Sie sich im Jetzt nicht wohl, werden Sie sich unpässlich fühlen, unabhängig davon, wo Sie sich befinden.

ACHTSAMKEIT

Achtsamkeit ist ein einfacher und effektiver Weg, um Gegenwärtigkeit zu erreichen und für Ruhe in den Gedanken und Gefühlen zu sorgen. Es ist ein sehr einfacher und dennoch schwerer Weg, weil die Gedanken unsere Aufmerksamkeit beständig vom Jetzt abziehen und zu Gedanken und Gefühlen hinschieben, die um die Vergangenheit oder die Zukunft kreisen.

Achtsamkeit bringt Sie dazu zu erkennen, was Sie stresst und überreizt. Achtsamkeit gibt Ihnen die Fähigkeit innezuhalten, in Einklang mit sich zu kommen und Balance und inneren Frieden wiederzufinden.

Die Essenz von Achtsamkeit besteht darin, die volle Aufmerksamkeit dem Jetzt zu schenken.

Richten Sie die Aufmerksamkeit auf das, was genau in diesem Augenblick in Ihnen und um Sie herum geschieht – ohne zu urteilen und ohne danach zu streben, etwas Bestimmtes zu erleben oder etwas zu ändern. Lediglich das registrieren, was da ist, so wie es ist – mit Geduld, Akzeptanz und Freundlichkeit.

Wir sind es gewohnt, Dinge zu kontrollieren und uns zu bemühen, dass sie sich nach unseren Vorstellungen entwickeln. Wir sind es gewohnt, das, was wir sehen und erleben, automatisch zu deuten. Achtsamkeit handelt davon, zu den Fakten zurückzukehren und die Gegebenheiten so zu sehen, wie sie sind, ohne automatisch und gewohnheitsgemäß zu reagieren.

Indem Sie täglich einfache Achtsamkeitsübungen praktizieren, verhindern Sie, dass Gedanken und Gefühle Ihr Leben steuern. Sie trainieren die Fähigkeit, flexibel und elegant die Aufmerksamkeit auf das Jetzt zu richten, auf die Atmung, darauf, anwesend zu sein, egal in welcher Situation Sie sich befinden.

Achtsamkeit meint nicht die Übungen an sich, Achtsamkeit ist eine Haltung, eine Art zu leben, eine Art und Weise, sich den alltäglichen Begebenheiten gegenüber zu verhalten. Aber es ist erforderlich, die Achtsamkeitsübungen im Alltag zu praktizieren, um mit der Methode vertraut zu werden und sie anzuwenden, wenn Sie aus dem Gleichgewicht geraten sind und die Präsenz verloren haben.

LERNEN SIE IHRE GEDANKEN KENNEN

Oft sind es Gedanken, die der Präsenz im Weg stehen. Ihre Gedanken sind nur Gedanken. Gedanken sind nicht die Wirklichkeit. Gedanken sind Ihre Auslegung der Wirklichkeit. Aber Ihre Gedanken haben entscheidenden Einfluss auf Ihre Gefühle, Ihre Reaktionen und Ihr Verhalten.

Gedanken rasen konstant durch unseren Kopf, oft ohne dass wir uns darüber im Klaren sind. Im Kopf der meisten Menschen findet ein ständiges Selbstgespräch statt. Gedanken, die um Pläne, Sorgen, Fantasien und Tagträume kreisen, häufig abschätzend, kritisch und verurteilend. Lernen Sie, sich bewusst zu werden, wann Sie in lähmenden Gedanken versinken. Halten Sie inne und geben Sie sich nicht

*Mit Achtsamkeit können Sie tiefe natürliche Freude,
das Empfinden von Freiheit und Frieden
in der Seele wiederfinden.*

der Neigung hin, den Gedankengängen zu folgen. Kehren Sie stattdessen zu dem Empfinden von Gegenwart und der Anwesenheit im Jetzt zurück.

Genau jetzt, in diesem Augenblick.

Es ist schwer loszulassen, ohne etwas anderes an die Stelle zu setzen. Stellen Sie fest, dass Sie in Ihren Gedanken ver- schwunden sind, dann halten Sie inne, lassen Sie los und richten Sie stattdessen Ihre volle Aufmerksamkeit auf die At- mung.
Lassen Sie Ihre Atmung den Anker sein, zu dem Ihre Aufmerksamkeit zurück- kehrt. Die Atmung haben Sie immer dabei, sie ist stets sofort zur Hand. Kritisieren Sie sich nicht selbst und machen Sie sich keine Vorwürfe, wenn Sie in Gedanken abtauchen. Das wird immer wieder passieren, das ist vollkom- men natürlich und unumgänglich. So sind Gedanken. Halten Sie ganz einfach inne, lassen Sie los und richten Sie Ihre volle Aufmerksamkeit auf Ihre Ein- und Ausatmung.

GRUNDLEGENDE ACHTSAMKEITSÜBUNG

Machen Sie diese einfache Übung morgens nach dem Aufwachen sowie im Tagesverlauf immer in den kleinen Augenblicken, in denen Sie sich in die Gegenwart zurückwünschen. Nutzen Sie die Übung auch, wenn Sie von einer Aktivität zu einer anderen übergehen. Halten Sie inne und lassen Sie der Übung Ihre volle Aufmerksamkeit zuteilwerden. Sie ist ganz einfach und dauert nur einen Augenblick.

Sagen Sie zu sich selbst:
Genau jetzt, an diesem Tag, an diesem Ort, in diesem Augenblick, genau jetzt.
Einatmen und Ausatmen.
Wiederholen Sie den Satz einige Male.
Richten Sie Ihre volle Aufmerksamkeit auf die Atmung. Einatmen und Ausatmen.
Sie sollen Ihre Atmung nicht verändern, sondern sie lediglich so registrieren, wie sie ist, und darauf achten, wie die Atmung in ihrem eigenen natürlichen Tempo zur Ruhe kommt, wenn Sie die volle Aufmerk- samkeit auf den Vorgang des Ein- und Ausatmens richten.

Empfehlenswerte Bücher und CDs, die Sie beim Üben von Achtsamkeit unterstützen können, finden Sie auf Seite 95.

IHR SCHÜTZENDER ZUSTAND

Sie können sich vor Reizüberflutung schützen, indem Sie sich Ihres Zustandes bewusst sind. In einer vorhergehenden Übung haben Sie untersucht, wie Überreizung und Stress Ihren Körper, Ihre Gedanken, Gefühle und Ihr Verhalten beeinflussen. Nun geht es darum, wie Sie Ihren Zustand bewusst ändern können, um sich bewusst zu schützen.

Kürzlich sah ich einen Comic, in dem Charlie Brown mit hängenden Armen und vornübergebeugtem Kopf dasteht. Er sagt zu Lucy: *Das ist meine niedergeschlagene Haltung. Ist man bedrückt, ist es ganz wichtig, wie man dasteht. Das Schlimmste, was man tun kann, ist sich aufzurichten und den Kopf zu heben, dann geht es einem sofort besser. Will man irgendein Vergnügen daran haben, bedrückt zu sein, muss man mit gebeugtem Kopf und hängenden Armen dastehen.* Ja, es kann schwer sein, die schlechte Laune zu bewahren, wenn man sich aufrichtet, lächelt, mit den Armen schwingt und einen schnellen Spaziergang durch den Wald unternimmt.

Auch wenn wir oft versuchen, uns zu schützen, indem wir uns durch eine geschlossene Körperhaltung kleiner machen, bietet dies keinen effektiven Schutz, vielmehr ist das Gegenteil der Fall. Es sorgt für einen besseren Schutz und eine weniger verwundbare Ausstrahlung, wenn Sie sich aufrichten, entspannen, den Kopf heben, Augenkontakt herstellen und lächeln.

Sobald Sie etwas an Ihrem Körper, Ihren Gedanken oder an Ihrem Verhalten ändern, beeinflussen Sie Ihren Zustand entweder in negativer oder positiver Richtung.

Haben Sie schon einmal darüber nachgedacht, ob Sie lächeln, weil Sie froh sind, oder ob Sie froh sind, weil Sie lächeln? Was kommt Ihrer Meinung nach zuerst, das Lächeln oder die Freude? Untersuchungen deuten darauf hin, dass die Muskelbewegung beim Lächeln Signale an den Teil des Gehirns sendet, der Endorphine produziert – die auch als Glückshormone bezeichnet werden. Es ist eindeutig, dass Lächeln eine positive Wirkung auf die Laune und den Allgemeinzustand hat. *Lächle der Welt entgegen und sie lächelt zurück.* Darin liegt eine Wahrheit.

REIZÜBERFLUTUNG VORBEUGEN

Praxistipps

Für Ihr Wohlbefinden, Ihre Lebensqualität, Freude und Energie ist es von entscheidender Bedeutung, dass Sie in der Lage sind, gut zu Ihrer Sensibilität zu sein, und wissen, wie Sie im Alltag Überreizung vorbeugen können.

DAS KÖNNEN SIE TUN:

⭐ Richten Sie den Fokus auf das Positive an Ihrem sensiblen Charakterzug.

⭐ Holen Sie das Beste aus sich heraus, lassen Sie Ihrem Potenzial freien Lauf.

⭐ Tun Sie sich selbst etwas Gutes, was Ihr Nervensystem beruhigt.

⭐ Beschließen Sie, froh zu sein über die Person, die Sie sind.

⭐ Seien Sie ehrlich und zeigen Sie, wer Sie sind.

⭐ Kennen Sie Ihre Grenzen.

⭐ Lassen Sie den Gedanken an das fallen, was andere vielleicht denken und meinen.

⭐ Sagen Sie Ihre Meinung – ohne zu erwarten, dass alle Sie verstehen.

⭐ Seien Sie mit Menschen zusammen, die das Beste in Ihnen hervorbringen.

⭐ Klären Sie, was Sie tun können und was Sie tun wollen.

⭐ Treffen Sie bewusste Entscheidungen für ebenso wie gegen etwas.

⭐ Seien Sie in der Gegenwart anwesend.

⭐ Praktizieren Sie Achtsamkeit.

⭐ Legen Sie den Fokus auf die Atmung.

⭐ Nutzen Sie Ihren schützenden Zustand.

⭐ Nutzen Sie positive Visualisierungen/ Tagträume.

⭐ Seien Sie zeitig dran.

⭐ Bereiten Sie sich vor.

⭐ Machen Sie Pausen und ruhen Sie sich aus.

⭐ Verwenden Sie Ohrstöpsel, z. B. bei lauten Musikveranstaltungen.

⭐ Tragen Sie eine Sonnenbrille.

IHRE VORBEUGENDE STRATEGIE

Beschreiben Sie, wie Sie Überreizung vorbeugen können.
Welche Strategien funktionieren für Sie?
Nehmen Sie als Ausgangspunkt evtl. konkrete Situationen,
von denen Sie wissen, dass sie Sie überreizen können.
Kehren Sie regelmäßig zu der Übung zurück
und justieren Sie Ihre Strategie.

MIT ÜBERREIZUNG UMGEHEN

Praxistipps

Selbst wenn Sie unermüdlich im Einsatz sind, um einer Reizüberflutung vorzubeugen, werden Sie höchstwahrscheinlich nicht vermeiden können, dass es doch dazu kommt. Hier sind Vorschläge für Strategien, die Sie anwenden können, wenn Sie überreizt wurden.

DAS KÖNNEN SIE TUN:

⭐ Übernehmen Sie Verantwortung dafür, Ihr Nervensystem zu beruhigen, genau jetzt.

⭐ Schließen Sie die Augen.

⭐ Bewegen Sie sich.

⭐ Verlassen Sie die Situation.

⭐ Gehen Sie nach draußen – lassen Sie sich durch das Licht und die Natur beruhigen.

⭐ Gehen Sie zur Toilette, setzen Sie sich auf den Toilettendeckel, finden Sie Ihr Gleichgewicht wieder.

⭐ Stoppen Sie die Gedanken darüber, was andere vielleicht denken und meinen.

⭐ Setzen Sie gesunde Grenzen.

⭐ Seien Sie sich bewusst, wofür und wogegen Sie sich entscheiden.

⭐ Bitten Sie um Bedenkzeit.

⭐ Verwenden Sie Ihr Mantra, Gebet, Ihre Affirmation.

⭐ Seien Sie in der Gegenwart anwesend – genau jetzt.

⭐ Praktizieren Sie Achtsamkeit.

⭐ Richten Sie die Aufmerksamkeit auf die Atmung.

⭐ Nutzen Sie Ihren schützenden Zustand.

⭐ Lassen Sie die negativen Gefühle und Gedankengänge ziehen – lassen Sie los.

⭐ Können oder wollen Sie die Situation nicht ändern, dann akzeptieren Sie sie.

⭐ Betrachten Sie sich selbst mit Akzeptanz, Geduld und Freundlichkeit.

⭐ Betrachten Sie Ihre Überreizung mit Akzeptanz, Geduld und Freundlichkeit.

⭐ Betrachten Sie andere mit Akzeptanz, Geduld und Freundlichkeit.

⭐ Betrachten Sie die Situation mit Akzeptanz, Geduld und Freundlichkeit.

⭐ Entscheiden Sie, ob Sie aus der Situation etwas lernen können.

IHRE STRATEGIE BEI ÜBERREIZUNG

Beschreiben Sie, wie Sie am besten mit Reizüberflutung umgehen können. Welche Strategien funktionieren für Sie?
Nehmen Sie als Ausgangspunkt evtl. mehrere konkrete Situationen, in denen Sie sich zu einem früheren Zeitpunkt überreizt fühlten.
Kehren Sie regelmäßig zu der Übung zurück und justieren Sie Ihre Strategie.

ÜBERREIZUNG, DIE SIE NICHT VER-MEIDEN KÖNNEN ODER WOLLEN

In Ihrem Alltag gibt es vermutlich Situationen, die überreizend wirken können, die Sie aber weder vermeiden können noch vermeiden wollen. Das kann z. B. bei einem hektischen Familienleben oder in Verbindung mit der Arbeit der Fall sein.

Es geht darum, vorzubeugen sowie vorauszuschauen und abzuklären, was Sie tun können und tun wollen.

Sorgen Sie für Pausen, in denen Sie allein sein und sich ausruhen können. Nicht jeder Sensible hat in Pausen Energie für Smalltalk übrig. Sie haben womöglich Bedarf an einer Pause ohne Eindrücke und ohne dass Sie sich anderen gegenüber verhalten müssen. Vielleicht machen Sie einen Spaziergang. Lassen Sie Gedanken darüber fallen, was andere über Ihr Verhalten denken. Überhören Sie, wenn sie sagen, Sie seien nicht sozial.

Sorgen Sie dafür, Ihre besonderen Bedürfnisse zu erfüllen. Es ist Ihre Verantwortung. Machen Sie es auf Ihre Weise.

Denken Sie daran, dass vier von fünf Personen Sie wahrscheinlich nicht verstehen werden, weil sie selbst dieses Bedürfnis nicht kennen. Bestimmte Leute tendieren dazu, das, was sie nicht kennen oder worin sie sich selbst nicht wiederfinden, negativ oder spitz zu kommentieren. Überhören Sie das, mit Verständnis für die Betreffenden, mit Freundlichkeit und Geduld – und machen Sie Pausen, so wie Sie diese benötigen. Freuen Sie sich darüber, dass Sie so am besten funktionieren.

Wenn Sie von der Arbeit nach Hause kommen, sind Sie wahrscheinlich müde. Machen Sie eine Pause, praktizieren Sie Achtsamkeit, anstatt sich vom einen ins andere zu stürzen. Geben Sie sich Zeit, um zu entspannen und anzukommen. Ziehen Sie sich zurück, legen Sie sich hin, ruhen Sie sich aus – eine Viertelstunde reicht vielleicht aus, wenn Sie es vorbeugend tun. Die meisten machen erst Pause, wenn sie vollkommen erschöpft sind, und das kann sich anfühlen, als sei es nie genug. Haben Sie keine Möglichkeit, sich zurückzuziehen, wenn Sie nach Hause kommen, z. B. wegen der Kinder, dann sorgen Sie dafür, auf dem Heimweg ein wenig zu entspannen – halten Sie das Auto an, schließen Sie die Augen. Stellen Sie das Rad ab und gehen Sie ein Stück, setzen Sie sich auf eine Bank, schließen Sie im Bus die Augen, praktizieren Sie Achtsamkeit und finden Sie Gegenwärtigkeit, indem Sie die volle Aufmerksamkeit auf die Atmung richten.

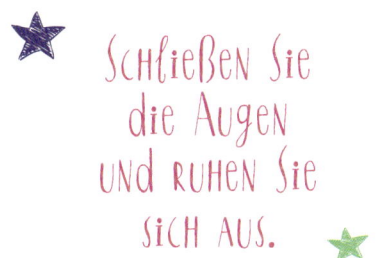

SCHLIESSEN SIE
die Augen
und RUHEN SIE
SICH AUS.

Es geht darum, das Nervensystem zu beruhigen und dabei die Seele mitzunehmen. Tun Sie das nicht nur, wenn Sie sich komplett erschöpft fühlen und es *einfach nur zu viel ist* – machen Sie es jeden Tag zur Gewohnheit. Erlauben Sie sich selbst, das zu tun, und erwarten Sie, dass die Familie Ihr Bedürfnis respektiert. Sie werden schnell bemerken, dass Sie viel besser funktionieren und viel liebevoller im Umgang sind, wenn Sie nicht erschöpft sind.

IHRE STRATEGIE

Beschreiben Sie eine oder mehrere Situationen, die Sie erschöpfen, die Sie aber nicht vermeiden können oder wollen. Analysieren Sie, was Sie überreizt und erschöpft. Beschreiben Sie, wie Sie vorbeugen und was Sie tun können, um diese Situationen zu meistern.

Wie wollen Sie das machen? Wann? Was wird es Ihnen geben, das zu tun? Was wird es anderen geben, dass Sie das tun? Wem?

_____

_____

_____

_____

_____

_____

_____

AKZEPTANZ

Wenn ich meine Bücher schreibe, verfüge ich über eine beachtliche Fähigkeit, mich zu vertiefen und zu konzentrieren und mich aus allem anderen auszuklinken. Ich werde vom Schreibprozess ergriffen, und die Inspiration treibt mich in einem solchen Maß an, dass ich mich selbst vergesse und weit über meinen Schließpunkt hinweg am Schreiben festhalte, sodass ich am Ende erschöpft bin. Früher habe ich mich dafür kritisiert, nicht in der Lage zu sein, auf mich selbst zu hören, mich auszuruhen, Pausen zu machen und rechtzeitig zu Ende zu kommen, um die Energie zu bewahren.

AUS GUTEM GRUND

Nachdem ich mir meiner Hochsensibilität bewusst wurde, sah ich ein, dass es eine besonders wertvolle Fähigkeit ist, über die ich mit dem Vertiefen und Konzentrieren verfüge. Ich erlebe das als äußerst sinnvoll, weil ich eingesehen habe, dass es exakt meine Fähigkeit zur Vertiefung und Konzentration ist, die es mir ermöglicht, meine Bücher zu schreiben, obwohl ich vieles andere zu tun habe. Ich habe auch eingesehen, dass ich am allerbesten schreibe, wenn ich mich mehrere Stunden am Stück in einem Vertiefungsflow befinde, der mit einer Erschöpfung endet. Daher habe ich akzeptiert, dass es so ist, wie es ist. Ich versuche nicht mehr, das zu ändern.

Wenn ich schreiben will, bereite ich mich vor. Ich weiß, dass ich mir beim Schreiben nicht die Zeit nehmen werde, im Laufe des Tages Mahlzeiten zuzubereiten. Daher kaufe ich ausreichend von meinem Lieblingsessen ein, gesundes und nahrhaftes Essen, das mir gute Energie liefert. Wenn ich esse, mache ich Pause, aber ich will nicht mit anderen zusammen essen, will mit niemandem sprechen. Ich möchte mit meinen Gedanken allein sein. Nachdem ich einen ganzen Tag lang geschrieben habe, nehme ich Rücksicht auf mein Bedürfnis nach Entspannung. Ich muss mich ausruhen, um das Gleichgewicht wiederzufinden. Ich habe keine Termine und komme keinen Erwartungen nach – weder von anderen noch von mir selbst –, bevor ich dazu bereit bin.

Das heißt, ich tauche erst wieder auf, wenn mein Körper und mein Geist sich selbst wiedergefunden haben.
Ich tue mir selbst etwas Gutes. Ich ruhe mich aus, mache einen Spaziergang, gehe ans Meer, bade. Abends bin ich müde und so passt es für mich, früh ins Bett zu gehen. Am nächsten Morgen bin ich frisch, um weiterzumachen.

Das Paradox ist: Nachdem ich akzeptiert habe, dass ich mich selbst auslauge und mir eine bewusste Strategie zurechtgelegt habe, bin ich nicht mehr so erschöpft.

Außerdem bin ich besser darin geworden, im Laufe des Tages Pausen zu machen, mich auf einen guten Stuhl zu setzen, die Augen zu schließen und mich auszuruhen.
Das ist nicht meine übliche Art zu arbeiten. Ich habe mich entschieden, sie zu akzeptieren, weil sie nur in kürzeren und begrenzten Zeiträumen von maximal einer Woche vorkommt. Eine dauerhafte Arbeitspraxis dieser Art kann ich nicht empfehlen.

ANERKENNEN, WAS IST

Wenn Sie sich in einer Situation befinden, die Sie überreizt, dann stellen Sie sich die Frage: *Kann oder will ich etwas damit tun?*
Lautet die Antwort Ja, dann entscheiden Sie sich, was Sie tun wollen und wann Sie es tun wollen.
Lautet die Antwort Nein, dann sagen Sie zu sich selbst:

Es ist, wie es ist.

Und schließen Sie Frieden mit dem, was Sie doch nicht ändern können oder nicht ändern wollen.

WAS MÖCHTEN SIE ÄNDERN?

Wir kommen zum Ende, und es ist jetzt an der Zeit, dass Sie zusammenfassen, was Sie während des Lesens dieses Buches gedacht und für sich erkannt haben.

1. Was möchten Sie gerne mehr tun?

_____

_____

_____

_____

_____

_____

_____

2. Was möchten Sie gerne weniger tun?

_____

_____

_____

_____

_____

_____

_____

3. Womit möchten Sie gerne beginnen?   4. Womit möchten Sie gerne aufhören?

_____   _____

_____   _____

_____   _____

_____   _____

_____   _____

_____   _____

_____   _____

_____   _____

_____   _____

_____   _____

ABSCHLUSS

Ich habe dieses Buch in dem Wunsch geschrieben, Sie zu inspirieren, sich selbst zu verstehen und anzuerkennen als der, der Sie sind. Mein Ziel war es, Sie zu motivieren, sich gut um Ihre Hochsensibilität zu kümmern. Ich war bestrebt, Ihnen Einsicht, Inspiration, Mut und Motivation dafür zu vermitteln, das zu tun, was Ihrem Leben Sinn gibt, zu Ihrer und der Freude anderer.

Zum Abschluss möchte ich eine Autorin zitieren, die seit vielen Jahren viel für mich bedeutet.

Das Zitat stammt aus dem Buch *Worte des Lebens* von Eileen Caddy.

Ich wünsche Ihnen viel Glück auf Ihrem Weg.

Herzliche Grüße
Ihre Susanne Moeberg

Füllen Sie Ihr Herz und Ihren
Sinn mit Frieden, Liebe,
Gelassenheit und Ruhe.
Tun Sie dies jeden Abend vor dem
Einschlafen und jeden Morgen
nach dem Aufwachen.
Haben Sie es gelernt, werden Sie
diesen herrlichen Zustand in Ihren
Alltag übernehmen.
Wollen Sie etwas wirklich gut
machen, dann müssen Sie es üben.
Seien Sie bereit zu üben, und üben
Sie, ein Leben in Frieden und
Erhabenheit zu leben, bis es
Ihnen gelingt und es ein Teil
von Ihnen ist.
Fangen Sie jetzt an.

ZUM WEITERLESEN

Bücher von Elaine Aron

Sind Sie hochsensibel? Wie Sie Ihre Empfindsamkeit erkennen, verstehen und nutzen. mvg 2005
Sind Sie hochsensibel? Ein praktisches Handbuch für hochsensible Menschen. Das Arbeitsbuch. mvg 2014
Hochsensibilität in der Liebe. Wie Ihre Empfindsamkeit die Partnerschaft bereichern kann. mvg 2006
Das hochsensible Kind. Wie Sie auf die besonderen Schwächen und Bedürfnisse Ihres Kindes eingehen. mvg 2008
Lesen Sie mehr über Elaine Aron unter www.hsperson.com

Mehr zum Thema Hochsensibilität

Sellin, Rolf: *Wenn die Haut zu dünn ist. Hochsensibilität – vom Manko zum Plus.* Kösel 2011
Sellin, Rolf: *Bis hierher und nicht weiter. Wie Sie sich zentrieren, Grenzen setzen und gut für sich sorgen.* Kösel 2014
Zeff, Ted: *Glücklich leben in einer reizüberfluteten Welt: Der Ratgeber für Hochsensible.* mvg 2015

Bücher zum Thema Achtsamkeit

Kabat-Zinn, Jon: *Im Alltag Ruhe finden. Meditationen für ein gelassenes Leben.* Knaur 2015
Marletta-Hart, Susan: *Achtsam leben mit Hochsensibilität.* Aurum 2011
Thich Nhat Hanh: *Ich pflanze ein Lächeln.* Goldmann 2007
Williams, Mark und Penman, Dany: *Das Achtsamkeitstraining. 20 Minuten täglich, die Ihr Leben verändern.* Goldmann 2015

Weitere empfehlenswerte Bücher

Cain, Susan: *Still. Die Kraft der Introvertierten.* Goldmann 2013
Laney, Marti Olsen: *Die Macht der Introvertierten. Der andere Weg zu Glück und Erfolg.* Huber 2011

> *Webseite der Autorin*
> *www.moeberg.de*

95

BILDNACHWEIS

Alle Illustrationen in diesem Buch stammen von Martina Frank, München,
mit Ausnahme von S. 21: Shutterstock/Sharpner und S. 77: Shutterstock/Pavlenko
Alle Fotos: Shutterstock; vordere Klappe: Suzanne Tucker, S. 24/25: Sofiaworld, S. 32/33: Jane Rix,
S. 48/49: Dubova, S. 78/79: Taiga
Hintergrundmotive: Shutterstock/Elmiral

QUELLENNACHWEIS

Die Zitate in diesem Buch stammen aus folgenden Quellen:
Vordere Klappe: Mary Dunbar, genaue Herkunft ungeklärt; S. 21/22: Selbsttest aus Rolf Sellin: *Wenn die
Haut zu dünn ist.* Kösel 2011. Abdruck der gekürzten Online-Fassung mit freundlicher Genehmigung; S. 33:
Oscar Wilde, aus einer Aphorismensammlung; S. 49: Wayne Dyer, genaue Herkunft ungeklärt; S. 52: Dieses
Sprichwort, das häufig Martin Luther zugeschrieben wird, stammt vermutlich aus China; S. 74, S. 78: Thich
Nhat Hanh, aus einem Vortrag; S. 94: Eileen Caddy aus: *Worte des Lebens*, Opal Friedberg 2005.
Leider ist es nicht in allen Fällen gelungen, die Fundstelle ausfindig zu machen. Der Verlag bittet ggfs.
um Nachricht, damit bei einer Nachauflage eine korrekte Quellenangabe erfolgen kann.

FSC
www.fsc.org
MIX
Papier aus verantwor-
tungsvollen Quellen
FSC® C084279

© 2009 Møbergs Forlag
© der deutschen Ausgabe 2016
Scorpio Verlag GmbH & Co. KG, München

Aus dem Dänischen übersetzt von
Daniela Stilzebach
Umschlaggestaltung und Layout:
Favoritbuero, München
Umschlagmotiv: shutterstock / iravgustin
Satz: Nadine Wagner, München
Projektleitung und Lektorat: Heike Mayer
Druck und Bindung: Print Consult, München
ISBN 978-3-95803-044-2

Liebe Leserin, lieber Leser,
leicht geht's besser: Mit unserer Reihe *Leichter leben*
möchten wir Sie zu einem neuen Lebensgefühl
inspirieren und bei Veränderungsprozessen unterstützen. Alle Inhalte wurden gewissenhaft erstellt
und sorgfältig geprüft, die Übungsanleitungen und
Vorschläge haben sich in der Praxis bewährt.
Danke, dass Sie in eigener Verantwortung prüfen,
inwieweit Sie die Anregungen umsetzen möchten.
Eine Haftung für die Resultate vonseiten der Autoren
bzw. des Verlags und seiner Beauftragten
ist ausgeschlossen.

Mehr über unsere Bücher:
www.scorpio-verlag.de